個人投資家のための

入門

# プライベート・エクイティ(PE)投資

北村元哉〔著〕
Kitamura Motoya



中央経済社

【編集部注】

本書は，プライベート・エクイティ（PE）投資の参考になる情報の提供を目的として著者の経験を基に記述されているものであり，運用による利益を約束するものではありません。

投資にはリスクが伴い，元本をすべて毀損する可能性もあります。実際に投資をする際は，必ずご自身で判断してください。

# プロローグ

プライベート・エクイティ（PE）ファンド＊への投資が今、大きく変わろうとしている。プロの投資家の投資対象から個人投資家の投資対象へと「民主化」しようとしているのだ。

伝統的に、PEファンドはプロの大口投資家に占有されていた。プロの大口投資家とは、一口5億円や10億円の資金を入れるような機関投資家をいう。機関投資家とは年金基金、生損保、銀行、政府金融機関といった、投資運用チームを持つ組織体のことを指す。

それが一口1億円単位の富裕層を中心とする投資家も投資できるものに進化を遂げつつある。さらに世界を見渡すと、一口数百万円単位から参加できるように小口化が進んでいる。この傾向は今後もさらに強まり、近い将来、一口百万円以下のPEファンド投資を行う時代が訪れることになるだろう。

「民主化」を突き動かしているものは2つある。1つは、フィンテックの存在がある。米国に端を発し、インターネットを通して特定のPEファンドやヘッジファンド等の商品を、富裕層に向けて販売する動きが急速に国境を越えて広がっている。その足音はアジア、そして日本にも聞こえ始めている。

フィンテック登場以前にも、証券会社等が比較的小規模の投資家から資金を集め、専用の小型ファンドを設立し、一大投資家集団としてPEファンドに投資する仕組みは散見されてきた。

その仕組みが一般化してこなかったのは、小口の投資家一人ひとりを管理する手間暇、ひいては手数料がかかりすぎることが大きな理由としてあった。同じ50億円の資金を集めるのであれば、たとえば50億円をぽんと出せる大口投資家1社、または、10億円ずつ出せる大口投資家5社から集めた方が、管理する投資家が1社や5社で済む。

小口投資家を何十人、何百人と抱えて管理するより明らかに効率がいい。

インターネットが提供する「PEファンドへの投資を実現させる機能」そのものは、証券会社等が提供してきたこのような仕組みと大差ない。しかし、それをネット上で行うため、手数料が安く、より多くの投資家に手軽に販売できる点が劇的に異なる。

ネット上でPEファンドへ投資する仕組みはここ5、6年で普及し、移動が不便な新型コロナの時代に明らかに勢いを増してきた。

日本にこのような小口投資家とPEファンドを繋ぐようなフィンテック・プレーヤーが上陸するのも、時間の問題だろう。事実、このビジネスの先駆的業者である米国のiCapital（以下アイキャピタル）は、このほど日本進出を表明したほか、日本でもスタートアップ会社LUCAがこの事業を目標に立ち上がるなど、新規事業者がちらほら見え始めている。

フィンテックと並ぶもう1つの重要な背景としては、PE業界の発展がある。かつては、LBOファンド＊、ディストレスト・ファンド＊、ベンチャーキャピタル・ファンド＊くらいしかなかったPEファンドだが、その後LBOファンドはバイアウト・ファンド＊と呼ばれるようになり、そのうえ、PEセカンダリー・ファンド＊、PE不動産ファンド＊、インフラ・ファンド＊、プライベート・デット・ファンド＊等々、商品の多様化がどんどん進んでいる。プライベート「エクイティ」という総称がややそぐわなくなりつつあり、「プライベート・マーケット」という新しい呼称まで昨今登場している。

このように、多様化、大規模化するPE業界が、これまでのようにプロの機関投資家を相手にするだけの存在から脱皮しつつある。ひと昔前のPEファンドであれば、「大口投資家から資金を十分集められるのであれば、わざわざ小口投資家に募集をかける必要はない」と考えたであろう。しかし、もはやそのような時代ではなく、今や

「PEの民主化」というスローガンを掲げ、フィンテックに飛びついているのはPEファンド側だといっていい。

投資家側の関心はすこぶる高い。アイキャピタルの2021年12月現在の累計募集完了額は980億ドルに達しているという。これは日本円にして10兆円を優に超える金額となる。創業8年目の企業でこの金額は、驚異的というほかない。しかも、PEファンドをインターネットで販売しているのは何もアイキャピタルだけではない。いったい、PEファンド業界全体でどれくらいの投資がインターネットを通して行われているのか、想像の域を出ない。

世界の富裕層の間で、PEファンドに投資するという発想や、PEファンドへの投資の仕組みに対する理解度は著しく上がっている。そしてこの波は今後、急速に一般投資家にも広がっていくだろう。

さて、翻って日本の世間一般のPEファンドに対する認識を見ると、到底このような世界の動きについていっているとは思えない。いまだにPEファンド、いや、ファンドと聞いただけで「ハゲタカ」という言葉が連想されているのが残念な現状といえるだろう。その源流をたどれば、2000年前後に官民一体で全国的に推進された、銀行の不良債権処理のツールとして活用された当時の企業再生ファンド、事業再生ファンド、外資系のディストレス卜系ファンドが与えた、カルチャーショックがある。それがいまだに尾を引いている。

そこには、ファンドとは、投資先企業に対して冷酷かつ傍若無人に振る舞う我利我利亡者であり、非日本的・アングロサクソン的なビジネスであり、ひいては古き良き日本的な価値観の対局に位置する存在であるという印象がある。

このような現実を目耳にするにつけ、まるで20年間時間が止まってしまったようにも思える。PEファンドの世界的発展、そして投資家層の飛躍的拡大というトレンドとは、気の遠くなるようなギャップがある。一般の個人投資家ともなれば、PEファンドに投資できるという考えそのものがないのではないだろうか。

これは、世間のとらえ方以前に、日本で出回っている情報に原因がある。世に出る文献やニュースは、大まかにいってＰＥファンドとその投資先企業の関係に焦点を当てている。目線は、投資を受ける存在としての企業、企業人であり、多くの場合被害者目線で語られる。さらに、話は日本のものにほぼ限定されている。真山仁が２００４年に発表した小説『ハゲタカ』やその映画化、ドラマ化の影響も大きい。

ごく稀に、「投資商品としてのＰＥファンド」の目線で世に出ている文献やニュースも目にする。しかし、生損保、年金基金、銀行等のプロの投資運用担当者でもないかぎり、目を通すことはしないだろう。それに、これらの文献や資料の多くには、大変表面的な情報しか掲載されていない。読み手が大口投資家に限定されていることもあるし、情報の出し手側も、どのような情報が求められているのか想像しづらいのだろう。そもそもＰＥファンドの運用成績や投資先の情報は、積極的に公開されていないことがほとんどといっていい。

本書の執筆を思い立ったのは、ＰＥファンドを投資家目線で語る必要性を痛感したことが大きい。その視点の転換がなければ、一般投資家がＰＥファンドを投資対象として目を向けることはなかなか起きないだろう。

筆者は、ＰＥファンドこそ、小口投資家がこれから目を向けるべき投資対象だと考える。ＰＥファンドは、10年間で1.5倍から2.0倍、またはそれ以上の投資収益を期待できる投資商品だからだ。にもかかわらず、ＰＥファンドに投資を行い、そのような投資収益を享受しているはずの年金基金、生損保、銀行、証券会社等が、彼らの顧客であるわれわれに、1.5倍から2.0倍の投資収益を提供できているだろうか。そのような収益を目にしたことがない読者がほとんどではないだろうか。それどころか、今の日本を見ると、多くの年金基金、生損保、銀行、証券会社等が、経営難に陥っていたり、フィンテックの台頭に押され気味な存在だといわれているのではないだろうか。年金基金に至っては、高齢化社会待ったなしのなか、受給年齢がどんどん上がり、働いている長い年月払いっぱなしのまま、一銭も受給することもなく終わってしまうことを心配している若年層も多いのではないだろうか。

つまり、われわれは、ＰＥファンド投資によって間接的に得られていたはずの投資収益を、機関投資家の置かれている事情によって、奪われていたり薄められているのが現状なのだ。

そんななか、来るフィンテックの発展により、直接ＰＥファンドに投資できて、高い収益を直接享受できる機会が訪れるのであれば、一般投資家はまさに発想を転換し、ＰＥファンドを投資商品として見るべきではないだろうか。

本書では、ＰＥファンドへ投資を行うにあたり、どのような意識革命が必要なのか、まず浮き彫りにする。次に、フィンテックによってどのように投資家層が大型から小型に広がりつつあるのか解明する。また、多様化するＰＥファンド商品の現状を紹介する。そして、投資家目線に立って、ＰＥファンドの仕組みを解説し、最終章では10年間にわたる架空のＰＥファンドのシミュレーションを1年ごとに行い、最終的にどのような投資収益が得られるのか、数字を使ってお見せする。

プロの世界に留まっていたＰＥファンドへの投資に、より多くの投資家が参入できる時代が到来しようとしている。今、まさにＰＥ革命前夜だといえよう。

## 【注釈】

### ●プライベート・エクイティ（ＰＥ）ファンド

「非公開株」全般を意味する「プライベート・エクイティ」に投資を行うファンド。公開市場で売買ができる「公開株」を「パブリック・エクイティ」と呼ぶことから生まれた呼称だと思われる。ＰＥとは Private Equity の略。ベンチャー企業に投資するベンチャーキャピタル・ファンドや、非公開企業を買収するバイアウト・ファンド等の総称だが、一部の運用者の間ではベンチャーキャピタル・ファンドと区別してバイアウト・ファンドのことのみを指す場合もある。本文でも触れるが、これらのファンドの分類名は、法律用語でも学術用語でもなく、業界での呼称にすぎないため、時代とともにその意味やニュアンスが変わっていく点が厄介といえる。

### ●LBOファンド

LBOとは Leveraged Buyout の略。バイアウト投資をファンドが行う際、買収資金を一部負債で調達することからそのように呼ばれるようになった。しかし、この呼称は1980～90年代のアメリカを中心としたバイアウト勃興期によく使われたものの、その後は単に「バイアウト」と呼ばれることが増えた。あまり聞かれなくなった背景としては、初期のバイアウト投資が買収資金の調達に主眼が置かれていたり、または買収資金の調達を担う金融機関等の存在感が大きかったことや、必ずしも負債を挟まないバイアウトも出てきたこと等が考えられる。そもそも、バイアウトを行う際に買収資金の一部を借金で賄える理由は、保有する企業の過半数の株式が担保に相当するという考え方ができることが大きい。

### ●ディストレスト・ファンド

破綻した企業や私的整理に入った企業の株式や保有資産を買ったり、負債を金融機関から肩代わりするファンド。投資後、投資先企業を再生モードに押し上げて業績を改善させ、企業価値を上げるファンドもあれば、不採算部門や不動産を切り売りし、業績を改善させないまま決算上の企業価値を上げて売却するファンドもある。いずれにせよ、破綻前後の企業であるため、安価で投資できる点がポイント。そのため、日本のみならず「ハゲタカ」と呼ばれることもある。投資後、不義理にも見える外科手術的な手法で投資先企業の経営に介入することが多いので、社会的な衝撃すら与えることがある。

●ベンチャーキャピタル・ファンド

スタートアップ、または起業後数年たったベンチャー企業に投資するファンド。資金調達ラウンドを設け、そのたびに企業評価を上げていく。ＩＰＯでエグジットするケースが多いと思われがちだが、むしろより大規模な会社に売却するケースの方が多い。投資後は、バイアウト・ファンドのように企業の株式の過半数をとってガバナンスをコントロールするような関与の方法ではなく、複数のベンチャーキャピタル・ファンドやエンジェル投資家、事業会社とともに少数株主となって経営陣を支援することが多い。

●バイアウト・ファンド

企業の過半数の株式を取得することにより、経営権を握って企業価値を上げる戦略をとる。投資先企業の経営に積極的に関与するため、ファンド運用会社には企業経営経験者や経営コンサルティング経験者が名を連ねているケースも散見される。バイアウトはＬＢＯとしてスタートしただけあって、負債を含めて投資金額を出すケースが多いが、負債を含めないオール・エクイティ・バイアウトも存在する。

●ＰＥセカンダリー・ファンド

ＰＥファンドへ投資を行う投資家は、一度資金を約定すると、基本的にファンド存続期間である10年程度資金を抜けないが、途中にその投資枠を買い取るのがＰＥセカンダリー・ファンドである。ＰＥファンドの投資家にとっては流動性を確保できるメリットがある。ＰＥファンドへの投資は、投資先企業がほぼ見えない「信用投資」であるのに対し、存続期間中に資産を買い取ることのできるＰＥセカンダリー・ファンドは投資先企業を見て評価して値付けできるため、成功確率が高いという見方ができる。ＰＥファンド投資家が売却するのを待つだけの存在から、やがて売却を持ち掛けたり、Ｐ

Eファンドの存続期間が切れる頃に残存資産だけ継続ファンドとして買い取るといった，さまざまな派生型投資が出現している。

●PE不動産ファンド

文字どおり商業施設や集合住宅といった不動産に投資し，主に家賃収入を得るファンド。通常「PERE（Private Equity Real Estate）ファンド」と呼ばれる。REITと違うのは，投資家が自由に資産を売買できず，10年程度の存続期間中に決められた規模のファンドを運用会社が自由に運用する点である。厳密にいうと，「非公開株」の売買をするファンドではない。ファンドの構造がPEファンドと同じであることと，公開市場で売買されているREITとの比較から，PE不動産ファンドを意味する「PEREファンド」と呼ばれるようになったと思われる。

●インフラ・ファンド

道路，発電所，競技場，といった「インフラ」（インフラストラクチャー）に投資するファンド。といってもインフラそのものに投資してその使用料を投資収益の形で得るというよりも，インフラを運営する会社に投資，あるいは買収し，バイアウト・ファンドのように企業価値を上げて投資収益を狙う形が主流。景気や営業能力等に左右されやすい製造業やサービス業と違い，社会にとって必要なはっきりと目に見えるインフラを保有する会社への投資であるため，安定志向の強い投資家に好まれやすい。

●プライベート・デット・ファンド

企業融資やプロジェクト・ファイナンス，買収ファイナンスといった，デット（負債）が必要な局面で融資を提供するファンド。銀行や既存金融機関と違い、調達スピードが速いので融資先に好まれる。投資家にとっては、投資収益率は必ずしも高くないローリスク・ローリターンの投資になるが、マイナス金利の時代に入り、人気が高まっている。ファンドの構造や投資家契約の内容がＰＥファンドとほぼ同じだが、「非公開株」を意味するプライベート・エクイティとは呼ぶのには無理があるため、プライベート・エクイティの商品の1つとして紹介されるよりも、プライベート・エクイティと並べ称されるとともに、両者ひっくるめて「プライベート・マーケット」という呼称が近年一般化し始めている。

# 目 次

## 第三章　プライベート・エクイティからプライベート・マーケットへ



## 第四章　PEファンドの仕組み

# 第一章　ＰＥファンドに対する3つの意識革命

## 1　第一の意識革命——PEファンドの投資家は「われわれ一人ひとり」

筆者は研究員時代を含めて、PEファンド業界に23年以上身を置いている。日本においてバイアウト投資の先駆者たちが活動を始めた1998年ごろからPEファンドの投資活動を見てきた。最初はコンサルタントしての関与だったが、2005年以降はPEファンドへの投資業務に従事してきた。日系、外資系のファンド・オブ・ファンズ＊運用会社に所属し、機関投資家の資金を預かって日本、欧米、アジア各地のPEファンドに投資を行ってきた。また、時にはPEファンドと共同で企業投資も行ってきた。

この業界に身を置いていて一番よく聞かれるのが、「ファンドって誰が投資しているのか？」「どんな大金持ちが投資しているのか？」という質問だろう。PEファンド、いやファンド自体が見えにくい、遠い、縁のない存在であると見られている証拠だろう。

ところが、その答えは「われわれ一人ひとり」だ。つまりあなたも私もみんな投資しているのがPEファンドなのだ。意外に感じる人が多いだろう。「ファンド」という語感には、まるで秘密裡にお金を集め、不透明なことに投資を行うという、とにかく見えにくい怪しいものだという印象がまかり通っている。

2021年某日、BS放送の番組に日本の代表的なPEファンド・マネジャー＊の1つであるインテグラル＊の佐山展生氏が出演していた。投資先企業であるLCCのスカイマークのコロナ禍における現状と戦略を説明するためだ。

その冒頭、キャスターが「ファンドといえばどうしてもハゲタカを連想するのですが」と断っているのを聞いて、愕然とした。2021年になっても、いまだに日本のマスコミでは、「ファンド」と「ハゲタカ」が同義語に近い扱いを受けている。２０００年前後の不良債権処理の時代の記憶と、真山仁の小説の影響だろうか。

しかし、「ファンド」とは、おそらく大多数の人が考えているよりも広い意味を持つ。ファンドとは「基金」という意味にすぎないからだ。寄付金を募る場合も「ファンド」をつくる。

キリスト教圏の多くの国々では、誰かが亡くなると寄付金を集めるが、その場合も弔問者からファンドにお金を集める。仏教形式の葬儀における香典に近い存在といえよう。

クラウドファンディングも「ファンド」ならば、投資信託も「ファンド」なのだ。

そんなものに縁がないという人でも、年金基金には全員漏れなく加入している。その年金基金も、英語で「ペンション・ファンド」と訳されるように「ファンド」の一種なのだ。年金基金に入っていない成人はいないので、ファンド投資家はやはり「われわれ一人ひとり」ということになる。

なにも、「ファンド」はヘッジファンドや「村〇ファンド」のように、ニュースに載るちょっと強面のファンドに定義を限定していないわけではない。

では、ＰＥファンドには誰が投資しているのか？

その答えも「われわれ一人ひとり」なのだ。

そもそもＰＥファンドとは何なのか。基本的に非公開企業に投資するファンドで、バイアウト・ファンドやベンチャーキャピタル・ファンドが代表格だ。世界的にはカーライル＊、ブラックストーン＊、ＫＫＲ＊といった超大手バイアウト・ファンド・マネジャーや、シリコンバレーを中心に投資を行うセコイア＊、クライナー・パーキンス＊といったベンチャーキャピタルが最も有名だ。アドバンテッジパートナーズ＊やポラリス・キャピタル＊といった、日本国内を中心に投資している「和製」バイアウト・ファンドも多数ある。

そんなＰＥファンドに、読者の皆さんは投資しているという自覚があるだろうか。投資していない、と考えるのが自然だろう。

しかし、それは大いなる誤解なのだ。

確かに、PEファンドに個人として直接投資している投資家は限られている。なにせPEファンドに投資しようと思えば、投資一口5億円以上という規模なので、ある程度余剰資金を持っている富裕層でない限りリスクを吸収できないだろう。実はこの点は昨今大きく変わろうとしているが、少なくともこれまでは、多少なりとも資金に余裕のある投資家にPEファンド投資が限定されてきたことは否定できない。

しかし、そのような富裕層もPEファンド投資家としては小規模の部類に入る。

PEファンドの投資家の主流はどんな顔ぶれか。それは公的年金基金、企業年金基金、政府機関、生損保各社、メガ銀行、地銀、信託銀行、証券会社、投資顧問会社など、いずれも10億円から数十億円、あるいは100億円を超える規模の資金を1本のPEファンドに投資できる投資家だ。しかも、これらの大口投資家は、1本のPEファンドに絞って資金を入れるということはあり得ない。PEファンドに年間いくら投資するのかという予算総額をまず決めてから、複数のPEファンドに分散投資していくのが通常だ。しかも、毎年新たなPEファンドに投資し、投資年度の分散も図っている。

こう聞いても、やはりPEファンドは自分とは関係のない大企業や大きな組織が投資するもの、という印象が変わらない人が多いかもしれない。しかし、もう一度PEファンドの大口投資家の顔ぶれをよく見てほしい。年金基金、政府機関、生損保、銀行、信託銀行、証券会社、投資顧問会社。いずれも自己資金の運用を主要なビジネスとしている組織ではない。顧客の資金を運用している組織なのだ。政府機関が運用している資金も、元をたどれば税金やゆうちょ銀行の預金なので、納税者の資金を運用しているといえる。なかには一部自己資金を運用している組織もあるが、基本的には、個人から預かった資金を運用・管理する。そしてこのような投資家は「機関投資家」と呼ばれる。

生損保の商品にまったく加入しておらず、銀行に口座を持たず、年金基金に加入していない人はまずいない。つまり、間接的にではあるが、これら機関投資家に資金運用を預けている「われわれ一人ひとり」は、ＰＥファンドの投資家なのだ。間接的にすでに日本国民は「国民総ＰＥ投資家」になっている。

日本のＰＥ投資家は、１９８０年代から生損保、大銀行、年金基金が常に中心だった。いずれも、一般市民である顧客の資金を預かって運用している。

もちろん、われわれ一人ひとりが加入している生損保や、口座の持っている銀行や、加入している年金基金のなかには、ＰＥファンドに投資を行っていないところも多々ある。しかし、近年、ＧＰＩＦ（年金積立金管理運用独立行政法人）＊がＰＥファンドへの投資を始めたことで、「国民総ＰＥ投資家」時代は決定的となった。ＧＰＩＦは、日本の公的年金のうち、企業年金と国民年金の積立金の管理・運用を行っている。つまり、日本国民の持つ個々の資産は何らかの形でＰＥファンドに回っていることになる。

世界に目を転じても、米国カルパース（米国カリフォルニア州公務員退職年金基金）＊等の公的年金基金や中国や韓国、欧州、中東諸国のＳＷＦ（政府系ファンド）＊がＰＥファンドへの投資額を増やしている。いずれも国民から広く資産を預かる機関投資家だ。**図表１－１**はＰＥファンドへ投資を行う世界上位20社を示しているが、15位と18位を除くすべての投資家が、年金基金またはＳＷＦという顔ぶれになっている。

このように、われわれ一人ひとりがＰＥファンドに投資している。そのような意識を持てば、ＰＥファンドを見る目もおのずと変わってくるだろう。

【図表１－１】投資家別PE投資額トップ20

（百万ドル）

| 2020年順位 | 投資家名 | 本拠地 | PEの組み入れ比率 | PE投資額 |
|---|---|---|---|---|
| 1 | Canada Pension Plan Investment Board | カナダ | 24.9% | 80,758 |
| 2 | GIC Private Limited* | シンガポール | 12.0% | 43,200 |
| 3 | Abu Dhabi Investment Authority（ADIA)** | アブダビ | 5.0% | 41,400 |
| 4 | Caisse de dépôt et placement du Québec | カナダ | 14.7% | 38,570 |
| 5 | APG | オランダ | 5.2% | 31,981 |
| 6 | Ontario Teachers' Pension Plan | カナダ | 19.3% | 30,319 |
| 7 | Hong Kong Monetary Authority | 香港 | 5.5% | 29,965 |
| 8 | California Public Employees' Retirement System | アメリカ | 6.6% | 26,057 |
| 9 | Washington State Investment Board | アメリカ | 21.4% | 24,468 |
| 10 | California State Teachers' Retirement System | アメリカ | 9.3% | 23,630 |
| 11 | Teacher Retirement System of Texas | アメリカ | 14.0% | 22,750 |
| 12 | National Pension Service of Korea(NPS) | 韓国 | 3.3% | 21,084 |
| 13 | New York State Common Retirement Fund | アメリカ | 9.4% | 19,751 |
| 14 | Public Sector Pension Investment Board (PSP Investments) | カナダ | 14.0% | 18,160 |
| 15 | Allianz Capital Partners | ドイツ | 2.8% | 17,951 |
| 16 | Australia Future Fund | オーストラリア | 14.9% | 17,551 |
| 17 | Oregon Public Employees' Retirement System | アメリカ | 21.9% | 17,315 |
| 18 | Aberdeen Standard Investments | スコットランド | 5.2% | 16,054 |
| 19 | Pensioenfonds Zorg en Welzijn | オランダ | 5.9% | 15,790 |
| 20 | State of Michigan Retirement Systems | アメリカ | 17.8% | 13,800 |

出所）Private Equity International

## 2　第二の意識革命――見るべきは「ファンド単位の収益」

このように、ＰＥファンドにはわれわれ全員が投資している。しかし、ＰＥファンドの実態について知っている人は、そのうちのほんのわずかにすぎない。

たまにＰＥファンドがニュースになる時は、ファンドが投資を行った時がほとんどだろう。もっといえば、大規模な投資を行った時、または大きな会社やよく知られた会社に投資を行った時だろう。

たとえば、２０２０年、米系バイアウト・ファンドＫＫＲが西友を買収するとの報道があった。また、アリナミン製薬（旧武田コンシューマーヘルスケア）が米系バイアウト・ファンドのブラックストーンによって武田薬品から買収されたとの報道があった。

２０２１年春先には、英系バイアウト・ファンドＣＶＣ＊が東芝の買収を提案しているとの報道があった。その後、東芝ＣＥＯの辞任に至る事態となり、ＣＶＣによる買収は成就しなかったようだが、同年8月にはＫＫＲやベイン・キャピタル＊が交渉を続けているとの報道があった。

ベンチャーキャピタルであれば、ＩＰＯを行う企業に必ずといっていいほど名を連ねている。これは、ＩＰＯ銘柄に投資している個人投資家であれば、誰でも知っていることだろう。

たとえば、日本最初のユニコーン企業＊になり、２０１８年に時価総額４０００億円のマザーズＩＰＯを果たしたフリマアプリ大手のメルカリには、グロービス＊、グローバル・ブレイン＊、ＷｉＬ＊、イーストベンチャーズ＊等のベンチャーキャピタルが出資している。

また、２０２１年にＰａｙＰａｌに３０００億円で買収された日本の後払い決済会社ペイディには、国内系のＭ

Sキャピタル＊、米系のEight Roads Ventures＊、アジア系のArbor Ventures＊といった、多数の国内外のベンチャーキャピタルが出資していることがインターネット等で明らかになっている。

企業への投資が失敗した場合、あるいは大成功した場合もニュースになる。少し怪しいウェブサイトや週刊誌や左翼系メディアには、PEファンドの投資先企業の経営陣がすげ替えられたからとんでもないとか、せっかく投資したのに倒産した、といったスキャンダラスなニュースが載っている。そうしたニュースには必ず「ハゲタカ」という言葉が含まれている。「ハゲタカ」というキーワードは語源が「ハゲタカ・ファンド」であるはずだが、PEファンドにも、アクティビスト系ファンドにも、はたまたファンドではない外資系投資銀行にまで乱用されている。

日本で世に出ているPE関連の出版物を見ても、企業金融としてのPEファンドの役割や活動をテーマとしたものがすべてといっていい。かつて銀行を中心とした間接融資大国であった日本に、直接投資の担い手として登場し、ガバナンスやファイナンスを活用して企業価値向上を図りウイン・ウインの関係を築いたり、事業承継に困っているオーナー経営者から株式を買い取る……といった論調がほとんどだといえよう。これらの報道や出版物は、PEファンドと投資先企業の関係を語っている。しかし、PEファンドの「ファンド単位の収益」については語っていない。

PEファンドは、複数の会社に投資を行う。一般的にその数は10社前後だろう。ベンチャーキャピタルや5000億円を超えるような大型ファンドとなれば、数十社に及ぶ。

つまり、特定の投資先企業への投資で収益を上げたからといって、そのまま投資家に資金が入るわけでもない。逆に、1社への投資で損失を被ったからといって、投資家が直接資金を失うわけでもない。あくまで、ファンド全体の収益が投資家の収益となる。ファンド全体の収益こそが、投資家にとって最も重要な情報なのだ。

投資信託で考えればいい。あなたの投資している投資信託が、トヨタ自動車の株を高値で売り抜けたからといって、その収益が直接手元に入ってくるだろうか。そんなことはないだろう。投資信託のポートフォリオには、うまくいっている銘柄やそうでない銘柄が何十社と混じっているはずだ。あくまで、勝った投資、負けた投資がすべて通算されてファンドの収益となって初めて投資家に還元される。

たとえば、古い話だがアメリカのバイアウト・ファンドであるリップルウッド＊の日本長期信用銀行（現新生銀行）への投資がさんざんメディアで騒がれたことがある。１９９９年のことだ。確かにあの案件は、さまざまな報道価値があった。不良債権処理のあり方、外資による国内企業買収のあり方、政府の交渉姿勢のあり方、長銀という伝統的日本金融機関の行く末、云々のような切り口があった。

しかし、あなたがリップルウッドの運用するＰＥファンドの投資家であったとしよう。最も気にすべきは、リップルウッドのファンドが長銀に投資して上げた収益ではなく、ファンド全体の収益ではないだろうか。

もし、メディアが「いや、読者や視聴者はファンドによる企業の買収行為にこそ興味を持っているから、ニュース性がある」と考えているならば、ヤフーニュースのサイトのコメント数に注意を払うといい。どこどこのファンドがどこかの会社を買収した、というニュースよりも、ＧＰＩＦの四半期の運用損益のニュースの方が圧倒的に注目度を集めているはずだ。

メディアは、いまだにともすればファンドを「経済権力者」のように見ていて、その「権力を叩く」ことが自分たちの社会的使命であるかのような勘違いをしていると思われる。その裏には「安心して働いている労働者がファンド買収によって不安感を植え付けられ、被害者となる」という、大いなる誤解が図式として存在しているように見受けられる。

ＰＥファンドによる投資の目的は、その会社の価値向上であり、それはその会社にとってプラスを意味する。そもそも、ＰＥファンドの投資収益向上の最大の受益者は投資家であり、一般市民であるわれわれが大元の「金主」

であるという理解は、メディアにまったく存在していないといっていいだろう。

では、ＰＥファンド全体の収益が重要な情報だとすると、その情報はどうやって入手するのか。直接的な答えは、ＰＥファンドへの直接の投資家が四半期ごとに受け取る報告書によってしか知り得ない。モーニングスターのような検索サービスによって、公開株や投資信託の成績を調べることのできる公開株式市場とは話が違う。

しかし、例外がある。アメリカを中心とした公的年金基金の一部が、ＰＥファンドの投資成績をウェブサイトで公開しているのだ。たとえば、カルパースのウェブサイトには、彼らが投資した世界中のＰＥファンドの収益が載っている（https://www.calpers.ca.gov/page/investments/about-investment-office/investment-organization/pep-fund-performance）。

なぜ公開されているのか。それは、公的年金基金という公共性のある運用主体は投資先とその運用成績を公開する義務があると判断しているからだろう。その背景には、ＰＥファンドの投資家は「われわれ一人ひとり」であり、その情報は広く共有するものだという、公共性に対するカルパースの強い責任感がある。

## 3　第三の意識革命――投資対象は日本のＰＥファンドだけではない

もしあなたが投資家で、ＰＥファンドへ間接的に投資していると知ったり、あるいは、投資先ＰＥファンドを自由に選択できると聞いたら、どこの地域のＰＥファンドを見るだろうか。反射的に日本のＰＥファンドを見るのではないだろうか。

それは無理もない。公開株式の運用を始める人だって、投資信託への投資を始める人だって、まず日本から探す人がほとんどだろう。その手の入門書を見ても、「では次に、海外の株式にも挑戦してみよう」と、海外ものは

「日本の次」という位置づけになっていることが多い。現に、その投資活動が断片的にもメディアやサイトで目にするＰＥファンドのほとんどが、日本のものだ。先ほど紹介した西友やアリナミン製薬や東芝は日本企業だし、スカイマーク（インテグラルが投資、保有中）やすかいらーく（かつてベイン・キャピタルが投資）もそうだ。これは、日本のメディア記者の大多数が日本に身を置いていて、企業動向やＭ＆Ａを取材、報道していることが原因だろう。

しかし、ＰＥファンドへ直接投資を行っている機関投資家で、日本のＰＥファンドに限定して投資を行っている事例はほとんどないといっていい。唯一の例外が、地銀や自治体の運用する公的機関だろう。その理由は、責任ある機関投資家にとって、投資先地域を分散させることは基本であること。また、そもそも世界的に見れば、ＰＥファンドのほとんどが海外にあるからだ。

マッキンゼーの調べによると、２０１９年、世界中のＰＥ投資総額は１・47兆ドルに達した。１ドル１２５円とすれば、これは１８４兆円に相当する金額だ。ＧＤＰ規模でいうと、イタリアやブラジルに匹敵する巨額の資金が、２０１９年だけでＰＥファンドから投資先へ流れたことになる。一方、日本における２０１９年のＰＥ投資総額は、ＡＶＣＪによると、ほぼ1兆円だった。つまり、世界のだいたい１８０分の１の規模を占めていることになる。

ＰＥファンドの募集額はどうか。Preqinの調べでは、２０１９年、世界で0・9兆ドル、つまり１１３兆円程度の資金が新たに募集されたという。そしてマッキンゼーによると、過去募集された額も含めて、投資に回すことのできるＰＥファンドの累積規模は6・5兆ドル、つまり８１３兆円程度に達するという。

一方、日本に投資を行うＰＥファンドの２０１９年における募集額は、Private Equity Internationalによると31億ドル、つまり３８７５億円程度だったという。なにも、日本のＰＥファンド市場の規模が小さいことを批判しているわけではない。むしろ、ファンドの無駄な大型化には（特に投資家の立場からみて）弊害も多い。いいたい

【図表１－２】PEと公開株比較：2000年を100とした場合の純資産推移

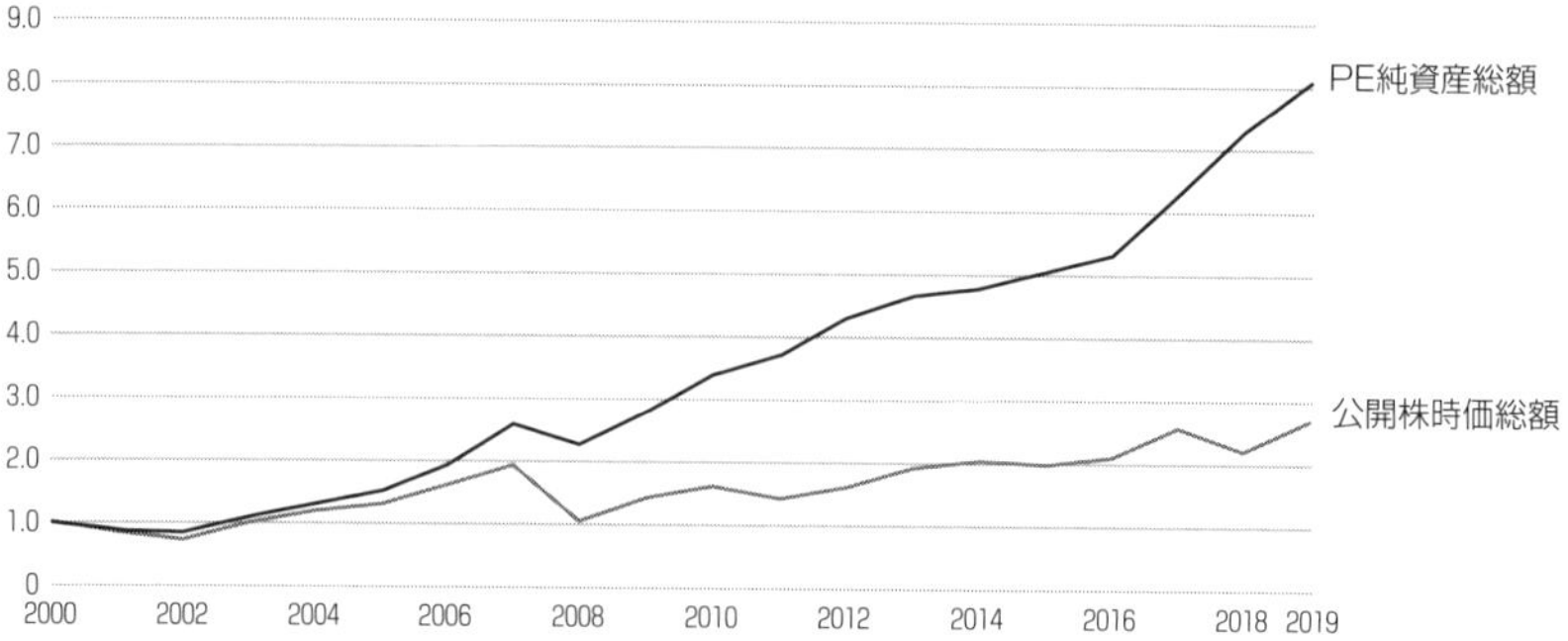


PEの純資産総額は、運用資産総額から未投資のコミットメントを差し引いたもの。

出所）世界銀行、Preqin

のは、ＰＥファンドの投資家である「われわれ一人ひとり」に届く情報が、ＰＥファンドや案件の規模に比して、日本のものに偏りすぎていることだ。

ＰＥファンドの最大の市場はアメリカだ。バイアウト、ベンチャーキャピタルともに然りだ。そもそも、バイアウト投資、ベンチャーキャピタル投資の概念そのものが生まれた国でもある。

アメリカに次ぐ大きな市場が、ヨーロッパだ。

アジアのＰＥファンドもここ20年で急速に拡大を見せてきた。なかでも中国が最大のＰＥファンド市場だ。

世界のＰＥファンド市場は拡大している。投資家層も広がり、公共性が増し、社会的公器といってもいいくらいの規模になっている。

２０００年を1とした場合、２０１９年におけるＰＥファンドの投資先企業の純資産は8以上にも達している。20年間で8倍以上成長していることになる。対して、公開企業の時価総額は２０００年を1とした場合、２０１９年時点で3にも満たない（**図表１－２**）。

そうしたなか、投資家が、世界のＰＥファンドの１８０分の１しか占めない日本のファンドのみに投資したり、日本に偏向した投資を行うことは理にかなわない。

たとえば、２０１９年にPrivate Equity Internationalが発表したThe

【図表１－３】　地域別PE投資先

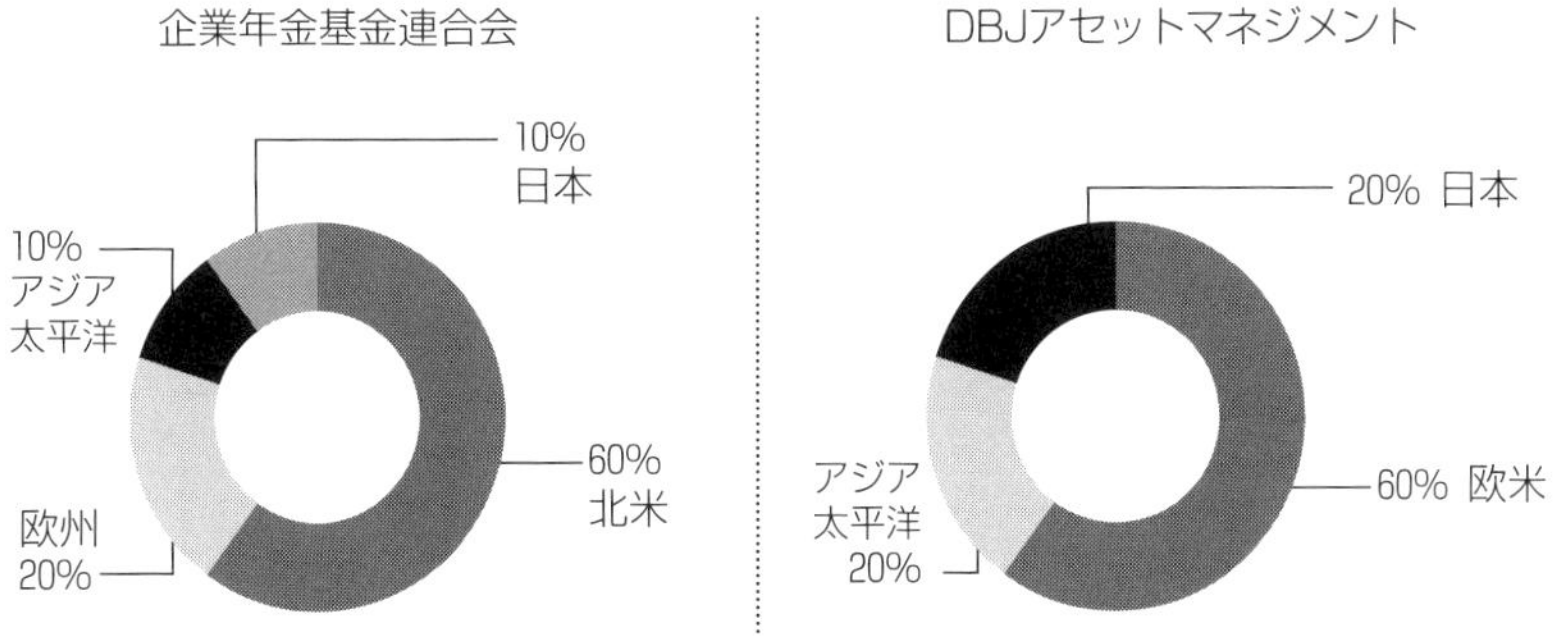


出所）"The Japan Special 2019" Private Equity International, April 2019

Japan Special 2019によると、日本の企業年金連合会＊は60％を北米、20％を欧州、10％を（日本を除く）アジア太平洋、そして10％を日本に投資している。また、ＤＢＪアセットマネジメント＊（日本政策投資銀行の１００％子会社）は、60％を北米と欧州、20％を（日本を除く）アジア太平洋、そして20％を日本に投資している（**図表1－3**）。

企業年金連合会は公的年金基金の１つであり、企業年金基金の中途脱退者や解散基金加入員の運用・管理、給付を行う。また、日本政策投資銀行は財務省所管の特殊会社だ。両組織とも、公共性が高く、多くの一般市民の資金を運用する機関投資家といえる。

しかし、そのような公共性の高い機関投資家の投資先である海外のＰＥファンドの情報はほとんどといっていいほど目にすることはない。日本語のメディアやウェブサイトで目にするＰＥファンドの動向は、９割以上日本のものだろう。これも、やはりメディアが日本企業の取材に偏向しているからだろう。それらが無駄な情報だとはいわないが、あなたがＰＥファンドへ投資している投資家という立場なら、日本国外の投資先ＰＥファンドの状況も知りたいと思うだろう。あなたの資金を預かっている公的年金基金、企業年金基金、生損保、銀行が投資家となって運用しているＰＥファンドであれば、日本に限らず国外のものであっても、その情報を知りたいと思うのが自然だろう。

事実、ＰＥファンドへ投資を行っている日本の機関投資家は、マーケットの９割を占める国外のＰＥファンドの情報を、専門誌の定期購読や現地調査を行うことによって必死に集めている。

以上の３つの意識革命は、報道のあり方にも関係するが、つまるところ一般市民がＰＥファンドの「何に関心を持つべきか」に関わってくる。現状では、自分はＰＥファンドの投資家、関係者ではないという思い込みから、興味本位で日本を中心とした断片的かつスキャンダラスな情報に関心が向いてしまっている。その認識を根本的に変えなければならない。日本の皆さんは、ＰＥファンドの投資家であるという認識をまず持ち、ＰＥファンドの個々の投資活動だけでなくファンド単位の収益に関心を向け、日本のみならず世界中のＰＥファンドの情報に目を向ける必要がある。

ＰＥファンドはこれまで、皆さんの資金を機関投資家を通して間接的に運用してきた。しかし今後は、フィンテックを通して直接的に運用する時代がやってくると筆者は予測する。いや、本書で詳しく述べるように、もうすでにその動きは始まっている。ＰＥファンドに対する見方を変えることは投資家として「必要」であるだけでなく、新たな直接的運用方法として提供される投資主体となっていく可能性が高い。

今やフィンテックの発達により、スマホのアプリを通して株式や投資信託にお金を預ける時代だ。ＰＥファンドの機関投資家である伝統的金融機関の役割の再定義もすでに始まっている。また、年金基金の将来性について、特に若者の間には悲観的な見方が広がっている。ＰＥファンドへ投資を行っている既存の金融機関も、身軽なフィンテック企業に押されて今後どのような運命をたどっていくのか、誰にもわからない。

そのような時代に入りつつある今、ＰＥファンドが機関投資家に限られたプロの投資商品に留まり続けることは考えにくい。万が一そうなってしまえば、単純にもったいない話だ。個人投資家にとってみれば、機会損失を意味する。個人投資家が機関投資家を経由せずに、ＰＥファンドへ直接資金を投入する時代はもう目の前だといえる。

繰り返し述べているように、われわれは年金基金、税金を運用する政府機関、加入する生損保、口座を持っている銀行、そして投資信託を通して間接的に、さまざまな公開企業の株式に投資を行っている。同時に、個人投資家として生株を買うこともできる。ＰＥファンドにも、すでに間接的投資家として参加している。それならば、個人投資家としてＰＥファンドに直接的に投資することのできる選択肢があってもいいではないか（**図表１－４**）。怪しい「ハゲタカ」といったイメージに縛られることはもったいない。「われわれ一人ひとり」つまり一般投資家がＰＥファンドに対する理解を革命的に変えないことには、みすみす自己資金を増やす機会を逃してしまうだろう。

【図表1－4】 PEファンドの投資家

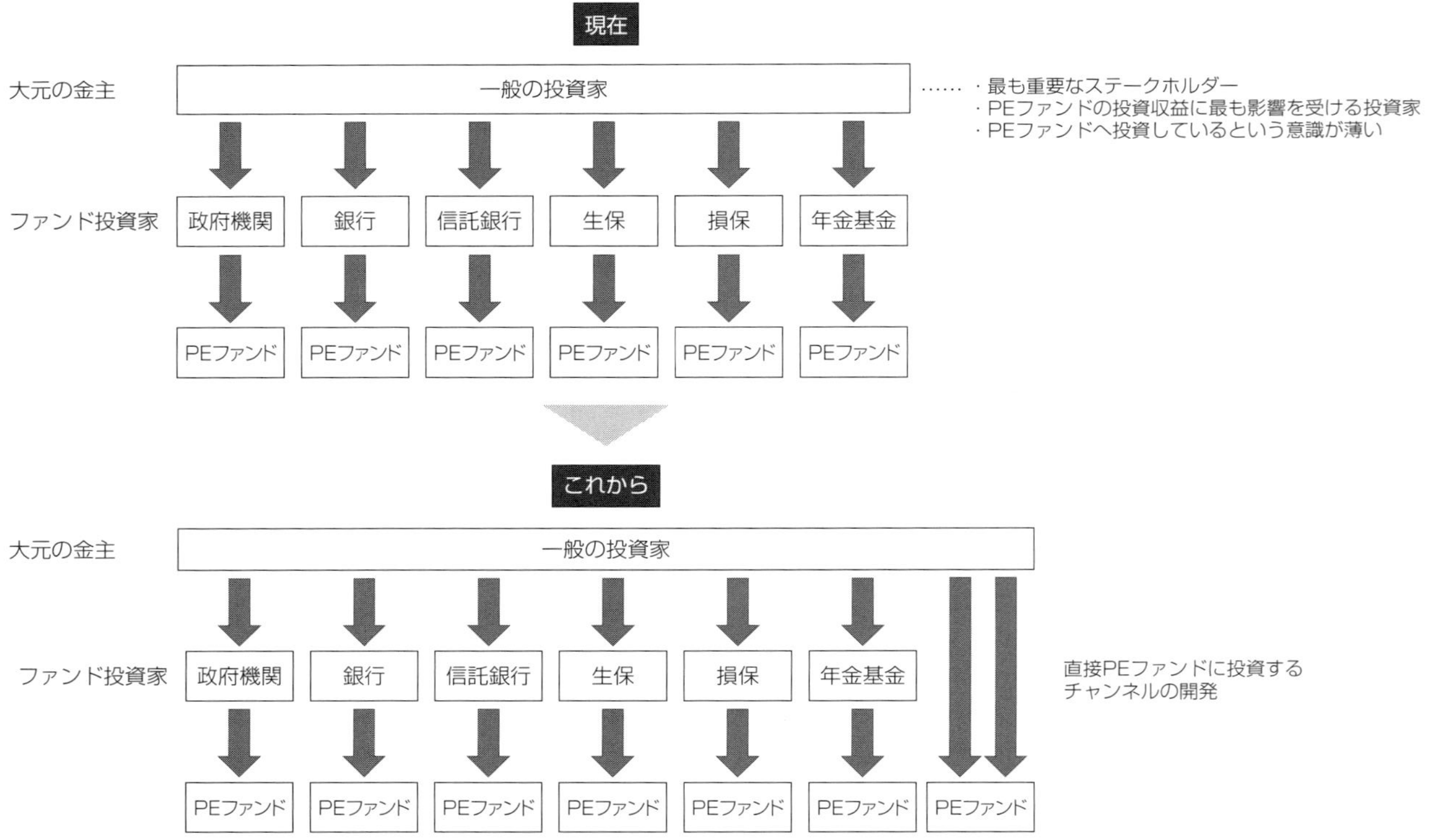


出所）筆者作成

【注釈】

●ファンド・オブ・ファンズ

文字どおり訳せば「ファンドのファンド」であり、「ファンドに投資するファンド」のことである。本書では、特にPEファンドにコミットを行う「PEファンド・オブ・ファンズ」のことを指す。投資家がファンド・オブ・ファンズにコミットメントを行えば、運用会社は投資すべきPEファンドを選別し、複数のPEファンドに分散投資を行う。投資家にとっては、PEファンドのポートフォリオを組んでもらえるというメリットがあるうえ、単独ではアクセスしにくいPEファンドの間接的なLP投資家になることができる。デメリットとしては、PEファンドに加えてさらに管理報酬（場合によっては成功報酬も）を支払う点があげられる。

●ファンド・マネジャー

一般的に、PEファンドの運用業者、運用会社の意味で使われる。厳密には、金商法の免許上、投資運用を手掛けることのできる運用業者と、海外のオフショア・ファンドの運用業者に投資助言を行う投資顧問業者の違いがある。さらには、複数国に拠点を持つファンド・マネジャーの場合、国によって投資運用業者として登録していたり、別の国では投資助言しか行わなかったり、さらに別の国には情報収集を行う拠点しか置かなかったりといったケースもある。「ファンド・マネジャー」や「運用会社」といった呼び方は、これらの違いを無視した総称として本書を含めて使っている。

●インテグラル

2007年創業、日本の代表的な独立系バイアウト・ファンドの1つ。2020年12月、総額1238億円で4号ファンドの設定完了を発表。投資先企業にスカイマーク、アデランス、イトキン等。

●カーライル

1987年に米国ニューヨークで創業、世界最大のPEファンド運用会社の1つ。バイアウト・ファンド中心に運用ファンドを多様化、拡大してきた。2012年にナスダック上場。同社ウェブサイトによると、397のファンドを通じて、2600億ドルを運用、世界五大陸、29拠点に1800名以上の社員を擁している。日本専用バイアウト・ファンドも運用している。

●ブラックストーン

1985年に米国ニューヨークで創業、世界最大のPEファンド運用会社の1つ。バイアウト・ファンド中心に運用ファンドを多様化、拡大してきた。2007年にニューヨーク証券取引所に上場。同社ウェブサイトによると、ヘッジファンド等も含めて運用資産残高7310億ドル、うちPEファンドは2320億ドルとなっている。

●KKR

1976年に米国ニューヨークで創業、LBOファンド、LBO投資の先駆者的存在。現在でも世界最大のPEファンド運用会社の1つ。PEファンド以外のファンドも多数運用する。2010年にニューヨーク証券取引所上場。同社ウェブサイトによると、運用資産2520億ドル、創立以来設立されたPEファンドは21本（2020年12月現在）。

●セコイア

セコイア・キャピタル。1972年に米国シリコンバレーで創業。世界を代表するベンチャーキャピタル・ファンドマネジャーの1つ。これまでアップル、グーグル、インスタグラムといったシリコンバレー発祥で世界的企業にのし上がったIT関係企業多数に投資を行ってきた。中国のみに投資を行うファンドも運用している。

●クライナー・パーキンス

1972年に米国シリコンバレーで創業。世界を代表するベンチャーキャピタル・ファンドマネジャーの1つ。これまでグーグル、フェイスブック、ツイッターといったシリコンバレー発祥で世界的企業にのし上がったIT関係企業多数に投資を行ってきた。

●アドバンテッジパートナーズ

1997年に1号ファンドを設立以来、日本のバイアウト・ファンド業界をけん引してきたPEファンド。現在では日本に投資する6号ファンドの他、アジアファンド等の運用も行っている。これまで弥生、ポッカコーポレーション、コメダ、りらく、石井スポーツ等多数の企業に投資。

●ポラリス・キャピタル

2004年にみずほ証券の子会社として設立、その後独立した日本を代表するバイアウト・ファンドの1つ。現在、1500億円の5号ファンドを運用中（海外ファンドも合わせたサイズ）。これまでSFPダイニング、江戸一、エルビー等に投資。

●ＧＰＩＦ（年金積立金管理運用独立行政法人）

厚生労働省主管の法人。国民年金を含む、預託された公的年金積立金の管理、運用を行っている。運用資産額１９９兆円（２０２１年９月末現在）は年金基金で世界最大。２００６年に設立され、前身の年金資金運用基金から積立金の管理、運用を引き継いだ。

●カルパース（米国カリフォルニア州公務員退職年金基金）

CalPERS。米国カリフォルニア州の地方公務員の公的年金積立金の管理、運用を行っている。その規模の大きさだけではなく、投資先企業に対し、株主総会で会社側提案に対して反対票を積極的に投じるなど「モノ言う株主」としても広く知られる。ＰＥファンドへの投資も積極的であり、運用資産額４７００億ドル（約59兆円、２０２１年６月末現在）のうち、ＰＥ資産は８・３％に当たる３８９億ドル（約４・９兆円）にも上る。

●ＳＷＦ（政府系ファンド）

Sovereign Wealth Fund（ソブリン・ウェルス・ファンド）の略。国家の金融資産を運用する基金のこと。中国のＣＩＣ（China Investment Corporation、運用資産額１・２兆ドル）、アブダビのAbu Dhabi Investment Authority（同６５００億ドル）、シンガポールのＧＩＣ（Government of Singapore Investment Corporation、同５４５０億ドル）、シンガポールのTemasek（同４８４４億ドル）等、ＰＥファンドへ積極的に投資を行っているものも多い。国家資産を運用という意味では日本のＤＢＪ（日本政策投資銀行）もその１つと見なされることもあるが、ＤＢＪは融資等幅広く投融資金を提供する役割を担っており、政府系ファンドの運用会社と呼ぶには多少無理があると考える向きもある。

●ＣＶＣ

１９８１年にシティコープのヨーロッパ拠点として英国ロンドンにて創業した、ヨーロッパ最大のＰＥファンド。１９９３年に完全独立。主にバイアウト・ファンドを中心に展開。アジアに特化したファンドも２０００年代から運用している。

●ベイン・キャピタル

１９８４年に大手コンサルティング会社ベイン・アンド・カンパニーのシニアパートナーによって米国ボストンにて創業。バイアウト・ファンドを中心に展開してきたが、後に他のアセットクラスにも進出。同社ウェブサイトによると、運用資産１５００億ドル。アジアＰＥファンドや日本にも長年バイアウト投資を行ってきたが、２０２１年、初の日本特化バイアウト・ファンドを設立。

●ユニコーン企業

設立10年以内ながら、評価額が10億ドルを超えたスタートアップ企業のこと。２０２１年12月現在、世界に９２５社存在する（CB Insights調べ）。国別ではアメリカ２８８社、中国１３３社、インド32社、と続く。日本にもスマートニュースやペイディ等、10～15社程度存在する。

●グロービス

グロービス・キャピタル・パートナーズ。１９９６年の第1号ファンド設立以来、日本の代表的ベンチャーキャピタル・ファンドとして活動してきた。現在、6号ファンド運用中。グリー、メルカリ、スマートニュース等多数の投資実績を誇る。

●グローバル・ブレイン

日本の代表的ベンチャーキャピタル・ファンドの1つ。1998年設立。2021年12月、8号ファンド設立を発表。これまでメルカリ、フォトシンス、ウェルスナビ等多数の投資実績を誇る。

●WiL

2013年、日米のベンチャーキャピタリストによって設立。日本ではこれまでgumi、ロコンド、Retty、メルカリ等のスタートアップに出資している。

●イーストベンチャーズ

2010年設立。ジャカルタ、シンガポール、東京に拠点を持つベンチャーキャピタル・ファンド。日本ではSmartHR、メルカリ、gumi等に出資。

●MSキャピタル

2014年設立、日本のベンチャーキャピタル・ファンド。海外のベンチャーキャピタル・ファンドと協力しながら、案件によっては共同投資を実施。ペイディ、ココン等に投資。

●Eight Roads Ventures

１９６９年米国ボストンでフィデリティ傘下のベンチャーキャピタル・ファンドとして創業。２０１５年に現在の社名に。欧州、中国、イスラエル等に加え、日本にも拠点、投資チームを持つグローバル・ファーム。世界各地のスタートアップに投資実績がある。

●Arbor Ventures

２０１３年創業した、香港、上海、東京、ジャカルタに投資チームを持つベンチャーキャピタル・ファンド。

●リップルウッド

リップルウッド・ホールディングス。１９９５年に米国ニューヨークで創業したバイアウト・ファンド。主に北米でバイアウト投資を行っていたが、１９９８年に突如、特別目的ファンドを設立して日本の長銀を買収。その後新生銀行として２００４年にＩＰＯを果たした。他に日本特化バイアウト・ファンドを運用したがその後日本から撤退。

●企業年金連合会

企業年金を中途退社等の理由によって短期間で脱退した人の年金資産を通算して管理、運用している。２００５年に、前身の厚生年金基金連合会によって設立。２０２１年３月末現在の運用資産額は12兆円、うちＰＥ資産は５・２％に相当する６２９５億円。

●ＤＢＪ、ＤＢＪアセットマネジメント

ＤＢＪは日本政策投資銀行で、ＤＢＪアセットマネジメントはその子会社。現在の形態である株式会社は２００８年に発足したが、前身の日本開発銀行は１９５１年に設立。日本開発銀行と１９９９年の改組後に誕生したＤＢＪは政府金融機関として長期資金の貸付を行っていたが、現在のＤＢＪは完全民営化を見据えた、政府が１００％株主である株式会社の形態。

# 第二章　第4の革命——PEファンド投資の民主化

前章でＰＥファンドについて、以下3点を確認した。

① われわれ一人ひとりが間接的に投資家であること。

② 投資家にとってより収集すべき重要な情報は、各投資先企業の動向よりもファンド全体の収益であること。

③ 日本だけではなく海外のＰＥファンドの情報も、投資家にとって目を向けるべき情報であること。

基本的に、ＰＥファンドの投資家を語る時、①年金基金、生損保、銀行、政府系金融機関といった機関投資家がその中心である一方、②これらの機関投資家のバックにいる究極的な金主としてわれわれ個人投資家の存在がある。

この、いわば投資家の二重構造ともいえる現象によって、個人投資家がＰＥファンドの投資収益を直接享受できる機会を逸する状況が起こっている。たとえば、投資家に対して3倍の投資収益をもたらしたＰＥファンドに年金基金が投資したとしても、その年金の受給者である高齢者に3倍のボーナスが支払われるわけではない。年金受給者の手元に行きつく際には、他の投資先商品の収益に足を引っ張られたり、運用者にかかるコストが中抜きされるなどして、3倍をかなり下回る投資収益しか手にできないからだ。

そこで、個人投資家のような、より小規模な投資家にも直接ＰＥファンドにコミットメント＊を行う道が、これまでも模索されてきた。主に、証券会社やウェルスマネジャー、プライベート・バンカーといった中間業者が、ある程度まとまった資産を持っている投資家から資金を集め、フィーダー・ファンド＊を使って資金を一束にまとめ、1投資家グループとしてＰＥファンドへコミットメントを行う形をとってきた。このやり方によって、中間業者の顧客であるいわゆる富裕層によるＰＥファンドへの投資の道が開けつつある。

しかし、こういった機会に触れることのできる投資家は、そもそも中間業者の顧客でなくてはならない。また、中間業者が勧めてくるＰＥファンドしか投資対象とならない。

また、中間業者の立場からしても、ある一定の資金を募集できなければ、フィーダー・ファンドを設立、運用するに足りる手数料収入を確保できない。募集には、それなりのマンパワーやコストがかかるという事情がある。このようなアナログ的な対面営業を行う限り、ＰＥファンドを不特定多数の投資家が自由にショッピングするような状況にはなりにくい。一部富裕層の資金が入ったからといっても、やはり基本的にＰＥファンドは機関投資家のものであり、そのバックにいる個人投資家の多くは、自分たちの資金がどのようなＰＥファンドに投入され、どのような投資収益を上げているのか関知しないままの状況が続くことになる。

しかし、このような状況が近年、劇的に変わりつつある。その変化は、ＩＴ技術を駆使したフィンテックのプレーヤーによってもたらされている。その基本的な原理は、デジタルプラットフォームによって小口投資家に向けたＰＥファンドの紹介・販売を行い、投資を勧誘するという仕組みだといえる。フィーダー・ファンドも、プラットフォーム上で設立することができる。プロセスのデジタル化によって、これまでＰＥファンドはおろか、中間業者さえ手の届かなかった、小口の投資家にＰＥファンド投資の紹介、販売が可能となる。投資家も、中間業者の勧誘を経ずして、ネットをブラウジングすることでＰＥファンドの情報を目にして、コミットメントが可能となる。

こうしたＰＥファンド投資のデジタル化に最も熱い視線を送っているのは、ＰＥファンド側といえる。ＰＥファンドからすれば、機関投資家に対する募集行為は飽和状態にある。しかし、小口投資家が自由にＰＥファンドをネット上で物色して選択投資してくれる世界は、フロンティアそのもので無限大の可能性を秘める。

このような動きは、ＰＥファンド業界でもまだ比較的歴史が浅い。しかし、グローバルに展開する大手のＰＥファンド・マネジャーは一大テーマとして掲げている。そしてこれをＰＥファンドの「民主化」とも呼んでいる。

## 1　小口投資家へと窓口が広がり始めたＰＥファンド投資家

２０２１年６月、ブルームバーグにおいて、大手グローバルＰＥファームであるブラックストーンによる、日本における個人投資家向けＰＥファンド販売の年内開始が一斉に報じられた。

記事によると、純資産３億円以上の「プロ投資家」相手に商品販売していくという。すでに、ブラックストーンは10年前に富裕層向けサービスを提供するプライベート・ウェルス・ソリューションズ部門を設立し、米国、欧州、アジアで約１５０人まで陣容を拡大していたことも報じられた。これに先立ち、２０１９年11月、ブラックストーンの幹部シニア・マネージング・ディレクターであるジョン・フィンリー氏は米ＳＥＣ（証券取引委員会）に対して、〝Expanding Retail Access to Private Markets〟（「プライベート・マーケットへの小売アクセスの拡張」）と題する報告書を提出した。その報告書は、上場企業の数が減少傾向にあり、小口投資家にとって投資対象となる商品が減っているのにもかかわらず、ＰＥをはじめとしたプライベート・マーケットが提供する潤沢な高リターンの投資商品への小口投資家のアクセスが不足していると指摘し、より強化するための政策提言を行っている。

こんな推計もある。モルガンスタンレーとオリバーワイマンの２０２１年の報告書によると、世界中の富裕層によるプライベート・マーケットへの投資額は、２０２５年までに1.5兆ドルの増加が見込まれるという。

ここ数年、ＰＥファンド投資が急速に小口投資家へと門戸が広がっている。そしてその傾向は、コロナ禍で強まっており、ポストコロナのＰＥファンド投資にも影響を与えることは避けられそうにない。

そもそも、なぜこれまでＰＥファンドへの投資は機関投資家にほぼ限定されてきたのだろうか。

最も簡単な答えは「効率」といえるだろう。１００億円単位のファンドを募集するＰＥファンド・マネジャーにとって、一口5～10億円という設定をした方が、募集しやすい。たとえば、１００億円のファンドが一口5億円で募集をかければ、投資家の頭数は最大でも20で済む。もし、１００億円のファンドが一口1億円と設定すれば、最大１００投資家の募集が必要になる。募集行為だけでなく、ファンドが走り始めるとメンテナンスやレポーティングに大変な手間暇がかかることになる。

それに加えて、ＰＥファンド投資というマーケットが、大口投資家に限定されてきたこともある。ＰＥファンド投資は、一口5億円以上、つまり10億円、またはそれ以上の単位でコミットメントできる機関投資家だけが見ることのできるコモディティであり、ＰＥファンド・マネジャーは、そのような機関投資家からのみ資金を集めることを前提に設計されている。なかには、5億円単位の投資をＰＥファンドに行うことのできる富裕層も存在する。また、１００億円前後、またはそれに満たない規模のファンドを募集するＰＥファンド・マネジャーのなかには、一口5億円未満、たとえば1億円に設定しているものもある。

それでも、個人投資家をはじめ、一口1億円をＰＥファンド1本に絞ってコミットメントを行うのは難しいだろう。投資家は複数のＰＥファンドや株式、債券、不動産といった他のアセットクラスに分散投資を行うのが通常なので、なおさらだろう。

日本国外では、日本円に換算すると1兆円規模のＰＥファンドも散見される。そのようなファンドでは、一口1億円という単位で投資家を募集することはまずあり得ない。むしろその逆で、1回のコミットメントが１００億円を超えるような超大口投資家が投資できる数少ないコモディティとして、これらの超大型ファンドが存在するといってもいい。

ところが、２０１０年代に入ってから、このような状況を打破し、小口投資家にもＰＥファンド投資の窓口を広げようとする試みが徐々に行われ、コロナ禍を受けて顕著になりつつある。

そのような動きの中心となっているのは、インターネットのプラットフォーム業者だ。

従来、ＰＥファンドが、一口1億円やそれ未満の投資家から資金募集しようと思えば、募集だけでなく管理に膨大なコストと労力がかかる。ＰＥファンドはキャピタルコール＊方式が通常なので、管理費請求や投資実行の局面で、各投資家に向けて按分された金額をコールしなければならない。1億円やそれ未満の小口投資家に多数のキャピタルコールを行うには、それ相応の人員を割き、コストをかけることが必要となる。10億円や50億円単位で投資する大口投資家だけでファンド募集ができるのであれば、わざわざ小口投資家にアプローチする意味がないというわけだ。

しかし、インターネットの中間業者が入れば話は違う。インターネット業者が小口投資家からいったん資金を集めて小型のフィーダー・ファンドを設立し、ひと塊の投資家としてＰＥファンドにコミットメントを行えば、ＰＥファンド・マネジャーは複数の小口投資家を一大口投資家として扱うことができる。小口投資家は、一口5億円のようなＰＥファンドに1億円以下で投資ができる。

コミットメント後、ＰＥファンドがインターネットが運営するフィーダー・ファンドにキャピタルコールを行えば、インターネット業者はそれを受けて、フィーダー・ファンドに投資している複数の小口投資家にキャピタルコールをかければよい。ＰＥファンド・マネジャーからすれば、複数の小口投資家に対して募集をかけ、コミットメント後管理する手間暇がかからない（**図表2－1**）。

ＰＥファンド・マネジャーが多数の小口投資家に直接営業をかけ、直接管理する気がない限り、間にフィーダー・ファンドをはさみ、それを一括して管理する第三者が必要となる。かつては、その第三者の管理コストがかかるため、フィーダー・ファンドをはさむやり方は、小口投資家にとって割高になるので、そこにビジネスチャンスはないと考えられてきた。

【図表２－１】 PEファンド投資用デジタルプラットフォームの機能①

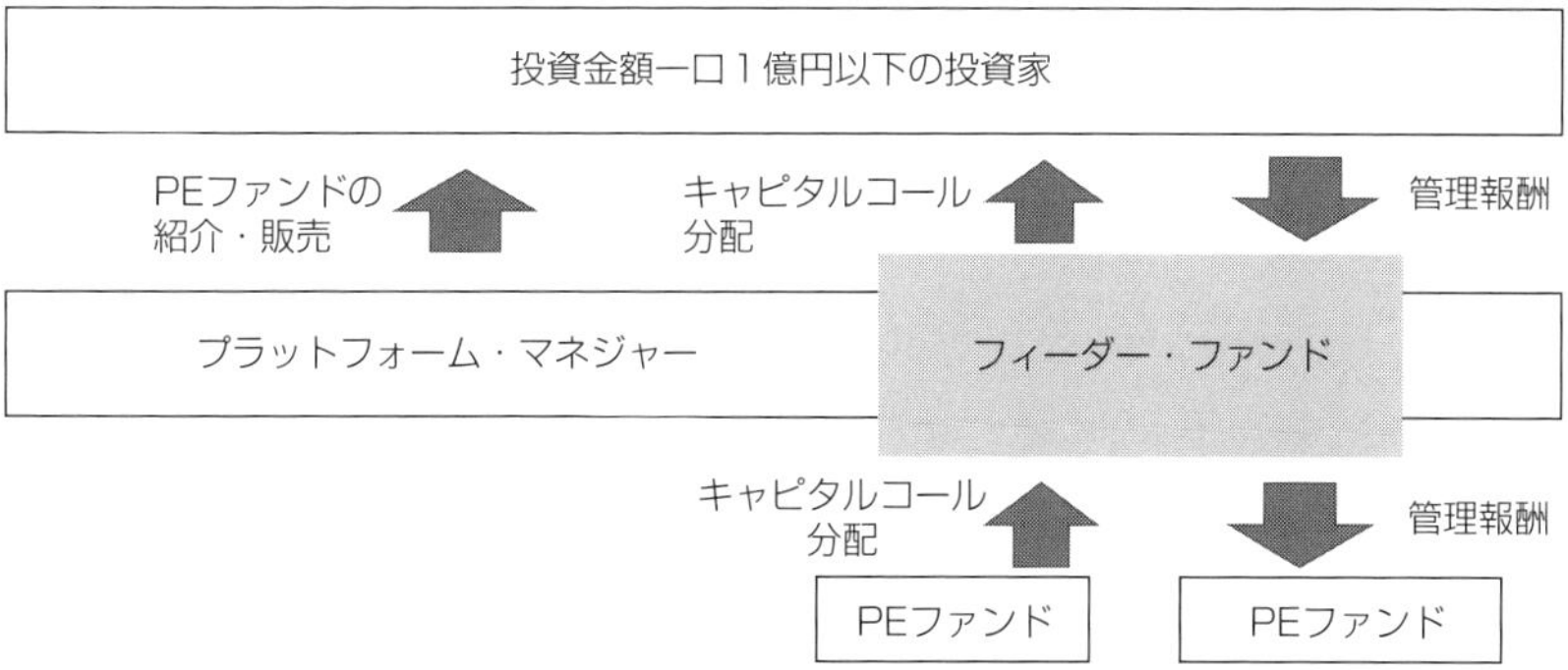


出所）筆者作成

しかし、２０１０年代に入り、ＰＥファンドへ投資する小口投資家を探り出し、フィーダー・ファンドをインターネットで運用する業者が欧米で登場した。そしてその波はアジアにやってきている。

## 2　プロ投資家によるプロの世界からの脱却

これまでＰＥファンドへの投資スタイルは、完全にプロの世界だった。投資家はＰＥファンドと秘密保持契約を結び、ファンドに関するデータを分析しながら、ファンド・マネジャーの主要な投資チームメンバーや資金募集を担当するチームメンバーと対面でミーティングを行い、投資方針や投資実績を聞きながらデューデリジェンスを進めてきた。ファンドが海外などの遠隔地にある場合、出張してファンド・マネジャーの拠点に飛び、現地でミーティングをこなしてきた。

また、各ＰＥファンドの精査に踏み込む前段階である、世の中でどのようなファンドが投資活動を行っているかという市場調査も、現地における対面ミーティングに依存していた。

こうした投資家とＰＥファンド・マネジャーの間には、中間業者であるプレースメント・エージェント＊と呼ばれる紹介・募集会社がおり、双方と常に連絡をとりながら販売行為を行ってきた。

デューデリジェンスは1年近く、またはそれ以上に及ぶこともある。市場調査やスクリーニングも含めると、ファンド・マネジャーは投資家から投資を受け入れるまで1年以上付き合うことになる。

このような、やや牧歌的な気の長いプロセスが正当化されてきたのには、いくつか理由がある。まず、PEファンドへの投資家は大組織である機関投資家――年金基金、銀行や生損保等の金融機関、政府機関など――が中心であることが1つの理由だろう。大きな組織が投資決断を行うには、然るべき経験を積んだ担当者が事前調査を行い、組織内でそれなりの官僚的プロセスや内部調整、それに稟議が必要となりがちだろう。

2つ目の理由は、投資家がPEファンドの投資を決断する時点で、PEファンドには投資先企業や資産内容の情報がゼロ、またはほとんどない状況だということだろう。これを「何も投資資産が見えていない商品」という意味を込めて「ブラインドプール」＊と呼ぶ。投資家からすれば、ファンドの選定基準が定量分析から外れ、どうしても曖昧なものになる。すでにどんな企業に投資を行っているか見えていれば、「あの会社に投資しているファンドだからお金を入れよう」という判断ができるはずだろう。投資先ファンドの選択基準は、よりデータ中心のものになるだろう。しかし、PEファンドへの投資が向こう10年にわたって存続するファンド期間に対して約定金額を設定する「コミットメント」であるため、投資プロダクトに出資を行うだけでなく「ファンド・マネジャーの組織や戦略や経験値を吟味する」という意味合いが出てくる。日本の会社組織の感覚でいうと「取引先を選ぶ」行為に近い。よって、デューデリジェンスを行う時間も長くなりがちになり、相手の組織カルチャー、報酬制度、さらには評判等も確認したうえで、ファンド選定を行う。

3つ目の理由は、PEファンドの募集期間が1年と長いことが考えられる。1年あれば、焦らず、様子を見てから動こうかという気にもなる。特に、募集当初は結果的にファンドサイズがいくらになるかわからないことが多いため、他の投資家の様子を見てから態度を決めるという心理が、投資家には働きがちだろう。

このようなＰＥファンドの募集カルチャーに革命をもたらしつつあるのが、デジタル・トランスフォーメーションの波だ。ＰＥファンドへ投資を行うプロセスをオンラインで処理してしまえば、時間もとられないし、オフィス訪問も省略できるかもしれない。必要な情報は、ファンド・マネジャーがオンラインで要領よくまとめて、投資家に提供すればよい。投資を決めた後のＫＹＣ＊や申し込みといった雑多なペーパーワークも、顔認証等を活用したｅＫＹＣの技術を使って、オンラインで処理してしまえばよい。

オンラインによるファンド募集は、９年ほど前からアメリカで静かに始まった。なぜ静かだったかというと、機関投資家にとって従来のデューデリジェンスの手法があれば十分だったからだろう。効率を優先する動機は低かった。大口の機関投資家には、現地調査を行う予算も時間も十分あると考える方が自然だろう。そのため、オンラインによるＰＥファンドの募集は、富裕層投資家相手に絞られてきた。現時点でも、機関投資家にまで浸透しているとはいえない。

しかし、ここにきて新型コロナによるパンデミックの時代に入り、リモートワークの普及が進んだことで、従来の牧歌的な対面デューデリジェンスの代替手段として、フィンテックの存在感が高まった。オンラインファンド募集を進めてきたフィンテックの業者にとっては、大きなチャンスが訪れていることは確かだろう。

ＰＥファンド・マネジャーにとって、フィンテックによるファンド募集は大きな武器になる可能性がある。従来のように面談なしではデューデリジェンスができなかった投資家以外の、非従来型投資家の開拓ができる可能性がある。

このような動きは、ＰＥファンドの募集形態だけでなく、ＰＥファンドへの投資家層の拡大、さらにはＰＥファンドへの投資のコンセプトそのものを変え、ＰＥファンドのコモディティ化をより進行させる可能性を秘めていると筆者は考える。このことは投資家にとってもＰＥ業界全体にとっても、とてつもなく大きな意味を持つ。

## 3　ＰＥファンドと小口投資家を繋ぐプラットフォーム業者

機関投資家がＰＥファンドへの投資を行う場合、ＰＥプレースメント・エージェント、資産運用会社、信託銀行、といった中間業者にまず連絡をとる。

いや、より一般的なパターンはその逆かもしれない。つまり、ＰＥファンドがファンド募集時に機関投資家にアプローチするやり方だ。なぜかというと、少なくとも日本においては、ＰＥファンドを行う投資家は限られているからだ。銀行、年金基金、生損保、公共機関といっても、ＰＥファンドへの投資を行っていないものも数多い。日本全国でおそらく累計でも１００社程度、そのなかでも、常にＰＥファンドを物色しているような組織は50社程度ではないだろうか。これらの50社程度の機関投資家は、常にＰＥファンドやプレースメント・エージェント等からアプローチを受けているだろう。なかにはＰＥ投資に特化した部門を設け、毎週、毎日のように国内外のファンドやプレースメント・エージェントとのミーティングをこなさなければならないような機関投資家も珍しくない。いや、ＰＥファンド投資に特に積極的な機関投資家は、年がら年中ミーティングをこなし、情報を消化しながら実際に投資するファンドをじっくりと絞っていく。

ＰＥファンド投資は、このような閉ざされた世界で行われてきた。これまで募集側のＰＥファンドは、このような募集環境で募集目標額を目指してきた。１投資家の投資額が10億円、50億円と大きいので、１億円未満といった「小口」投資家に対して募集を行うといったことではペイしなかった。

小口投資家がＰＥファンドに投資する術がまったくなかったわけではない。証券会社がフィーダー・ファンドを設立し、富裕層の顧客から特定のＰＥファンドの資金を募集する方法だ。ＰＥファンドが募集を完了した後の10年間、証券会社はそのフィーダー・ファンドを運用する形で、PEファンドからキャピタルコールや分配を受ける都度、フィーダー・ファンドの富裕層の投資家にキャピタルコール、分配を行う。

この手法の欠点は、投資家層が1億円単位の出資を行えるような富裕層、それもかなり上位の富裕層に限定されるということだろう。募集を行う証券会社の立場からすれば、それでも募集ができてしまうのだから、何も困ることはない。富裕層の人口が世界第3位の日本だからこそ可能だともいえる。昨今の富裕層の投資意欲は、低金利も手伝って高い。しかも、以前のような相続税対策に資金を回すといった考え方に留まらず、ビジネスで成功した最近の「のし上がり型」富裕層は、その成功の源となった合理性を投資運用にも持ち込んでいる。

しかし、PEファンド投資に関心を持つ、より小口投資家からしてみれば、もう少し一口当たりの金額が小さい方がいい。証券会社の立場に立てば、一口1億円単位の投資家で募集が完了するのであれば、わざわざより小口の投資家向けに募集を行い、フィーダー・ファンドの管理を行う必要はないと考えるのが自然だろう。

もう1つの手法としては、投資信託商品を通したものもある。この方法のメリットは、小口投資家が小さな投資額から参加できることと、いつでも自分の持ち分を売却できることだろう。一方、これはPEファンドに直接投資するスキームではなく、PE運用業者に投資する仕組みだ。しかも、カーライルやブラックストーンといった、上場している運用会社に投資する投資信託だ。

よって、フィンテックがもたらす、より小規模の投資家とPEファンドを繋ぐプラットフォームは、機能としては証券会社と変わりはない。異なるのは、一口当たりの投資金額がより小さな投資家からの募集を目指していることと、手数料がより投資家フレンドリーな低いものに設定しやすいことだ。

これは、多くのフィンテック企業にいえることだが、果たしている、または果たそうとしている機能は従来の金融業者が提供してきたものと大差ない。決済、送金、支払い、投資、預金等々、近年金融業者のディスラプターとしてのフィンテックが世界的に注目を集めているが、いずれもサービス内容としては従来から存在していた。

フィンテックが異なるのは、まず、それらの従来型サービスを低コストで、より手軽に提供できることだろう。たとえば、銀行送金ひとつとっても、幾多の労力を費やし、また、多数の支店を抱える装置産業でもある銀行の間接経費をカバーするため、どうしても手数料がユーザーに跳ね返ってきた。しかしフィンテックを使えば、低コストのインフラで送金サービスが提供されるため、手数料が格段に安い。そうしてユーザーがどんどんフィンテックに流れて行っている。

もう1点、フィンテックが斬新な理由は、ユーザー情報のデジタル化、ビッグデータ化により、複合的なサービスの提供がより簡単にできることだろう。従来であれば、銀行や証券会社の窓口で労力や場所代を費やして提供されていたサービスが、フィンテックによってユーザーの手元にスマホを通して提供されてしまう。

ＰＥファンドと小口投資家を結び付けようとしているプラットフォーム業者も、基本的にこのようなフィンテックの特性を踏襲しようとしている。従来、コスト、労力、時間、対面をかけていたために、大口の機関投資家から資金募集を行うことに精一杯だったＰＥファンド募集の仕組みに、風穴を開けようとしている。

以上を受けて、プラットフォーム業者の基本的な機能は、①ＰＥファンドから請け負う形で、投資家に販売すること、②投資家がコミットメントを行った後、受け皿となるフィーダー・ファンドを運用すること、の2つがある（**図表2－2**）。

これまで、証券会社等が行ってきた方法と決定的に違うのは、この一連の作業をインターネットによって行うことだ。このことは、販売→申し込み→コミットメント→キャピタルコール→分配→レポーティングの一連の流れだけでなく、証券会社等がこれまで対面で行ってきた、対投資家、対顧客の窓口対応も、可能な限りインターネットを通して行うことをも意味する。

【図表２－２】 PEファンド投資用デジタルプラットフォームの機能②

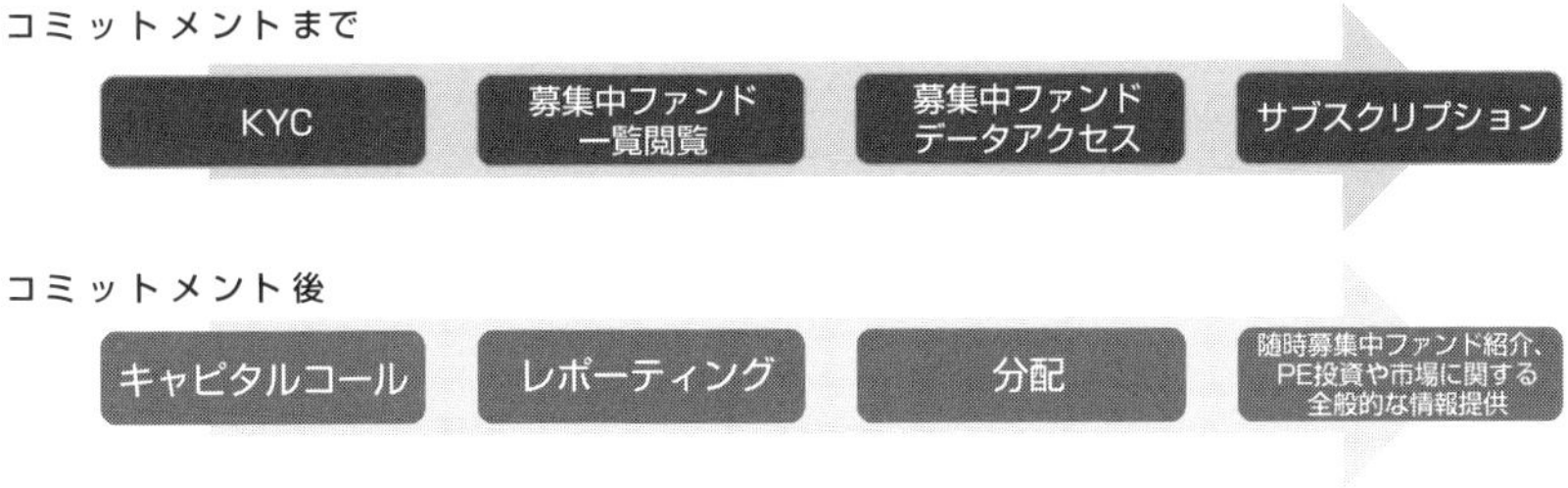


出所）筆者作成

そればかりではない。顧客のポートフォリオ管理や他の商品の紹介といった商品販売を点とすれば、点から線へ、線から面への多角的な展開をも、インターネットを通して行うことになる。

考えてみれば、これは上場株式の世界でも起こってきたフィンテック化と大差ない。今世紀に入り、株式の売買は対面、窓口だけでなく、ａｕカブコムやマネックス、さらにはInteractive Brokers社の提供するプラットフォームを通して行うという選択肢が加わった。ＰＥにもその波が訪れたと考えればよい。ただし、ＰＥファンドの場合、クローズド・エンド＊によるコミットメント金額の設定やキャピタルコールや最低出資金額といった、上場株式にはないルールがある。それらの要素に対応したプラットフォームが、ＰＥファンド投資の世界で台頭しつつある、ということだろう。

最後に付け加えたいのが、ＰＥファンド投資の「民主化」というキーワードだ。ＰＥファンド投資の分野に参入するこれらのフィンテック業者が、目指す理想としてこれを掲げている。

そこには金融業界といったような限られたプレーヤーが、限られた投資家に対して商品販売し、限られた空間で需給関係を形成して利益を分け合う、という構造そのものを打破しようという理想がある。それも破壊意欲に突き動かされているのではなく、ＰＥファンドという投資商品を不特定多数のユーザーに対し、デジタルプラットフォームを使って広げよう、民主化しよう、というディスラプター精神によって導かれているといっていい。デジタル革命によって従来の商慣習、消費者行動を根底から変え、理想とする社会を目指そう、というトップダウン型の思考回路は、フィンテックに限らずオープンイノベーション全般のプレーヤーが意識的に持っているものだといえる。

注目すべきは、プラットフォーム業者だけでなく、ＰＥファンド・マネジャーが「民主化」という概念を意識し、キャッチフレーズとして使っていることだろう。ＫＫＲは2021年3月、最大手プラットフォーム業者であるアイキャピタルへの出資を行った際、ＰＥの「民主化」を目指す旨を声明で発表した。

ブラックストーン、ＫＫＲ、アポロ＊、カーライルといった最大手のグローバルＰＥファームは、富裕層をはじめとした、個人単位で投資を行う小口投資家の発掘に目を向けている。機関投資家のＰＥファンド投資が飽和化するなか、未開拓の投資家層である小口投資家を、ファンド募集活動における新たなフロンティアとして位置づけているのだろうか。「民主化」という言葉には、そのような実利に留まらず、プラットフォーム業者が掲げるような、「ＰＥファンドという投資機会を誰にでも提供する世の中を実現しよう」という、フィンテックが叶えることができる理想郷実現に対するロマンを感じ取ることができる。

## 4　プラットフォーム業界発展の素地——投資家保護行政

このようなプラットフォーム業界はまだ勃興期にある。しかし、そのなかでも業界リーダーともいえるパイオニアは存在する。

このビジネスの発祥の地ともいえるのが、アメリカだろう。アメリカでは、まず富裕層の絶対数が多い。また、より小口の個人投資家の間でも、エクイティ投資に対する関心が高い。そしてＰＥ業界の規模が世界で最も大きい。

さらに、ＰＥ投資、ＰＥファンド投資を行う投資家保護に関する規制も先進的だといえる。アメリカにはAccredited Investor（自衛力認定投資家）＊というプロ投資家の制度がある。この条件を満たせば、金融当局の規制下にないＰＥファンドのような金融商品に投資できる。

このような仕組みは、アメリカに留まらず、どの国にも存在する。日本にも存在する。当局目線でいうと、投資家保護が目的だ。自分の能力以上の投資を行ってしまったり、全財産を特定の投資につぎ込んでしまって失敗したり、詐欺まがいの投資商品に国民の資金が流れてしまうことを止めるのがその目的といえる。投資商品が規制されていれば、政府がある程度その商品に「責任を持つ」ことになる。しかし、投資商品が規制対象でなければ、政府は商品に「責任を持てない」。つまり、「責任を持てない商品に投資する投資家のリスク許容度に対して責任を持つ」というのが、プロ投資家の制度の基本的な考え方といえる。

ただし、アメリカは、他国に比べてプロ投資家になるためのハードルが低いうえ、元々富裕層の多い国なので投資家の人数も多い。さらに、プロ投資家に対するサービスや情報網が発達しており、プロ投資家向けの市場がしっかりとできている。そのような素地があるからこそ、ＰＥファンドへの投資を誘うプラットフォーム業者が７、８年ほど前に登場したといえる。

アメリカのプロ投資家の条件とは何か。①過去2年間、年収20万ドル以上、または世帯年収30万ドル以上で、現年度も同水準をおそらく維持できること、②みずから、または夫婦間の保有資産が１００万ドル以上、等となっている。さらに２０２０年8月、その定義は拡充され、投資会社や投資顧問等において投資経験、各種免許を保有する者等も追加されることとなった。年収20万ドルといえば、日本円にしてだいたい２５００万円となる。世帯年収30万ドルは、約３７５０万円、夫婦間の保有資産１００万ドルは約1億２５００万円となる。これらの数字を大きいと見るか、小さいと見るか。それは見る人によるだろう。

【図表２－３】 PEファンドに投資できる個人投資家の要件

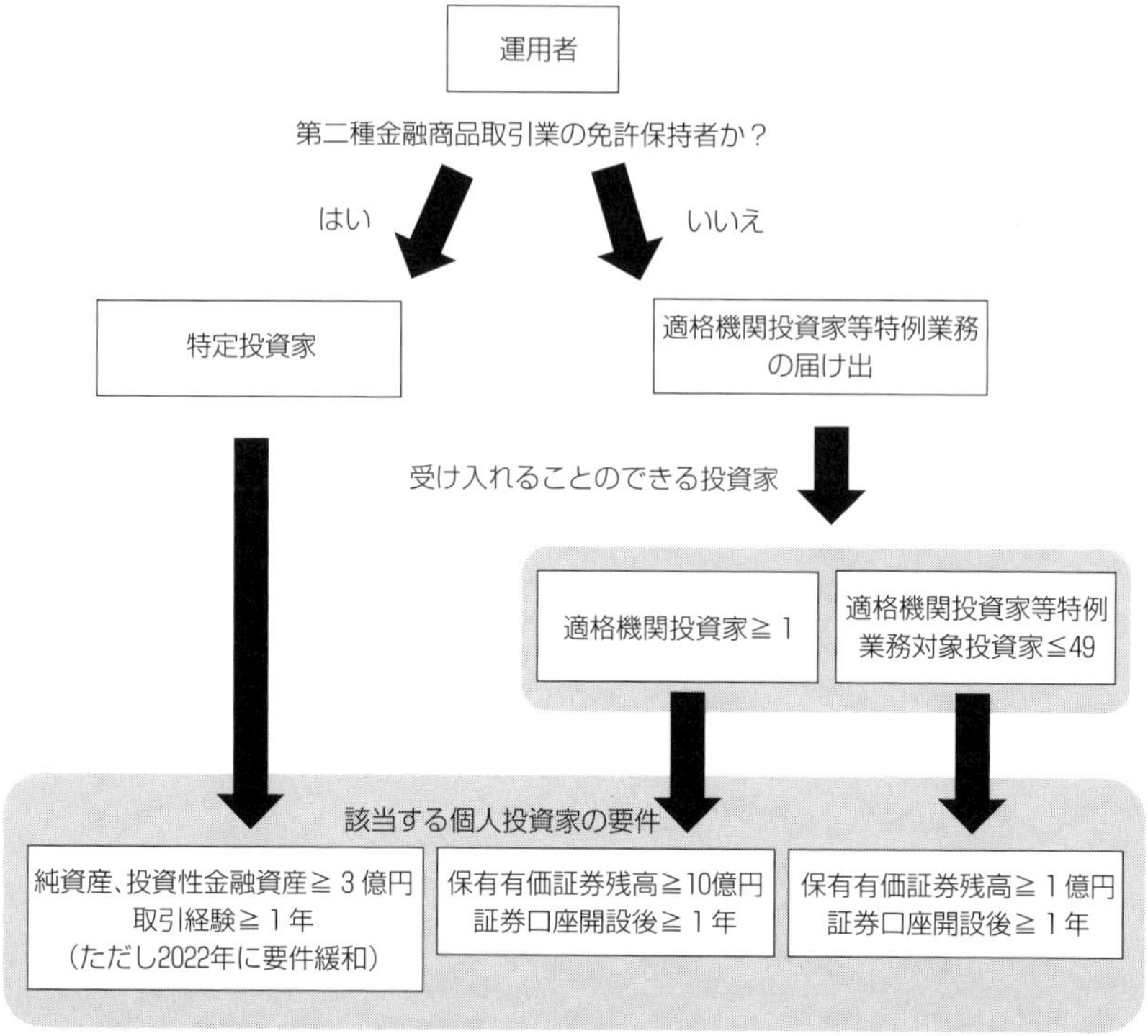


出所）筆者作成

アメリカにおけるハードルだけが特別低いわけではない。たとえばシンガポールの場合、「純資産２００万シンガポールドル（約1億８６００万円）、金融資産１００万シンガポールドル（約９３００万円）、過去12カ月の収入が30万シンガポールドル（約２７９０万円）」となっている。

香港の場合、Professional Investor（ＰＩ）というステータスがあり、その条件は「純資産８００万香港ドル（約1億２０００万円）」となっている。

アメリカ、シンガポール、香港とも、保有資産1億円前後が目安となっている。

翻って日本では、**図表２－３**のような規制状況となっている。

日本政府も問題意識を持っているのか、２０２０年7月に当時の安倍晋三内閣で閣議決定された「規制改革実施計画」において、以下の記述が見られる。

「特例業務対象投資家や特定投資家の定義等を参考にしつつ、自身で適切な資産管理とリスク管理ができる投資家をプロ投資家とする等、有価証券の私募に適用される開示規制の弾力化に関する検討を行い、私募取引へのアクセスを容易にするための必要な措置を講ずる」とし、実施時期として「令和2年度調査開始、調査結果を得次第、令和3年度検討・結論」としている。この本が脱稿している頃には、何らかの改正案が発表されている可能性がある。

このように、どの国においても、投資家保護の観点から、ＰＥファンドに誰でもおいそれと投資ができない仕組みが多かれ少なかれ構築されているのが現実だろう。ある程度資産を持っているか、収入があるか、または運用経験があることを客観的に証明することによって、ＰＥファンドに投資するリスクを許容できる、と各国の規制当局は判断している。

しかし、日本におけるこのアプローチにはいくつか落とし穴がある。

まずは、ＰＥファンドを含む私募ファンドよりもリスクの高い投資機会である個々の非公開企業への投資には、ほとんど規制がかかっていないことだ。日本における非公開企業は、全企業数の99％以上ともいわれている。非公開企業の株式の購入は、証券会社やクラウドファンディングを通してできる。それに、家族、親戚、友人などが起業したり増資する場合、当事者間取引で購入することも考えられるだろう。

このような非公開企業への投資に対する個人の投資家の制限は、実質かかっていない。規制がないのだ。いったん購入した株式を譲渡する際に制限がかかる場合は企業によってあるものの、購入自体にはかからない。友人や家族が興した小さな会社に付き合いで10万円入れる際に、投資家として保有資産額の登録をしたり、一定以上の水準の収入があることを証明する必要がないことは、一見当然のことだと思われる読者もいるかもしれない。

また、幹事会社が行った抽選に当選した結果、ＩＰＯ前の銘柄を公募価格で購入するような個人投資家もいるだろう。このようなケースも広義の非公開企業投資になる。

しかし、公開企業にかかるような規制がかかっていない非公開企業は、さまざまな意味でリスクが高い。たとえば、公開企業には決算書や株主構成など、公開が義務づけられている情報やデータがある。形式も決まっているうえ、第三者による監査が義務づけられている。要するに、客観的に見て信頼性の高い情報が、投資家に対して公開されている。また、公開株式を販売する側にも、金融商品取引法に基づく適切な免許の所持が求められる。株価も逐一公開されているうえ、流動性があるため、売買するタイミングも投資家が選ぶことができる。

非公開企業には、上記いずれもない。つまり、企業は十分な情報を投資家に出さなくてもいいし、決算情報に監査が義務づけられていない。株価も当事者間で決められる。そのような非公開企業に誰でも投資可能なのが、日本の現状といえる。

よく考えてみれば、ＰＥファンドとは、こういったリスクファクターを持つ非公開企業に分散投資する商品なのだ。ＰＥファンド運用者は、公開企業のように客観的に信頼できるデータが即入手できないために、投資先企業に対する念入りなデューデリジェンスを行う。また、非公開株式の売り手に情報隠蔽の意図がないかどうか入念にチェックし、面談を重ねてその確信を得るように努める。さらに、公開企業のような株価が明示されていないため、多角的に対象企業を分析しながら買収・売却価格を合意のうえ、決める。このような、非常にニッチな生業を何年にもわたって積み重ねてきたプロの運用者が行うのがＰＥファンドなのだといえる。

しかも、ＰＥファンドは通常、１つや２つの非公開企業に集中投資しない。複数の非公開企業に分散投資する。それによって、非公開企業が公開企業に比べて本質的に抱えるリスクを分散できる。ファンドの投資家の投資収益は特定の非公開企業に対する投資ではなく、ＰＥファンドが組んだ非公開企業のポートフォリオから上がってくる。

このように、個人投資家による非公開企業への投資には規制、制限がかかっていない。一方、非公開企業に分散投資するプロの運用者であるＰＥファンドへの投資には、保有資産等の制限が投資家保護の観点からかかっている。

これは大きな矛盾とはいえないだろうか。

ＰＥファンド投資に関する投資家保護の２つ目の落とし穴は、ＰＥファンドに実質的に個人が投資できる仕組みと、別々の条件が存在するということだろう。

ＰＥファンドに個人投資家が投資するためには、資産規模10億円以上という適格機関投資家の条件が必要だ。これは確かに高いハードルといえる。10億円の資産を持っていれば、「ハイリスク」なＰＥファンドに投資しても、リスクを吸収できるだけのキャパシティがあるという考え方が根底にある。

しかし、募集する業者が金商法上の二種免許を持っていれば、適格機関投資家でない個人でも、特定投資家であればそのＰＥファンドに投資ができる。その条件とは「純資産・投資性金融資産３億円以上、取引経験１年以上」となっている。

さらに、適格機関投資家等特例業務の届け出＊を行ったＰＥファンドであれば、適格機関投資家が１社入っている限り、上限49人まで投資が許される。その49人のなかに個人投資家が入るためには、「投資性金融資産１億円以上、証券口座開設後１年経過」の条件を満たすことが必要となる。おそらく、適格機関投資家が１社でも入っていれば、そこに行政が保証できる責任ある投資家が介在しているので、49人まで「投資家が保護」されている、という考え方ができる。

しかし、適格機関投資家になるための条件が保有資産10億円という厳しさに比べて、ずいぶん低いハードルのように思われる。

もっといえば、「適格機関投資家特例業務の届け出」はかなりハードルが低い。そもそも届け出なのであって、許認可を受けているわけではない。それに比べて、二種免許は必要な人員を揃えたり資本金を1000万円以上積み、金融庁の許認可が必要になるので、届け出よりかなりハードルが高い。同じPEファンドでも「適格機関投資家特例業務の届け出」を行った販売業者が販売したものには純資産1億円以上の個人投資家が投資できて、二種免許保持業者が販売するものには純資産3億円以上の個人投資家が投資できる。10億円、3億円、1億円、という純資産に、果たしてどこまで数学的根拠があるのだろうか。

3つ目の落とし穴は、投資家保護策が、投資家がPEファンドのような私募ファンドに投資することによって被る可能性のある損失を防ぐような効果を果たしているとは言い難いことだろう。確かに、保有資産が多い方が、投資リスク許容度が高いように思ってしまいがちだろう。たとえば、同じ1億円の投資を行うにしても、保有資産10億円の適格機関投資家の方が、保有資産2億円の投資家よりもリスク許容度が高いことは明確だろう。

しかし、たとえば、保有資産10億円の適格機関投資家が、全財産を1本の私募ファンドに投資し、失敗することだって理屈としてはあり得る。逆に、たとえば、保有資産100万円の投資家が30万円を貯金に回し、25万円を債券投資、20万円を不動産投資、15万円を複数の株式投資に回し、残り10万円を私募ファンドに投資した場合はどうだろう。10万円の私募ファンド投資によって被るリスクは大きいといえるだろうか。全財産を1本の私募ファンドに投資した適格機関投資家よりも、はるかにリスクが分散されているのではないだろうか。

要するに、保有資産の多寡が、一つ一つの投資行動のリスクの大小の物差しとはならないということだ。投資家保護は、10億円という敷居の高い保有資産を定義すれば実現する、とは限らない。むしろ保有資産の規模よりも、投資リスクを分散できる経験・知識をいかに持っているかの方が、投資家保護という観点からは重要だと思われる。

たとえば、「1件当たりの投資を保有資産の○分の1以内に限定する」という、分散投資を義務づける規制があれば、それは投資家が過大なリスクを負うことに対する縛りとなり得る。しかし現実には、そこまで投資家行動を規制するのは難しい。一件一件の投資に対するリスクの取り方が適切かどうかは、客観的に測るのが非常に困難だろう。

アメリカのように、その投資家の経験値をもって条件とし、一定の経験を持つ投資家であれば私募ファンド投資を許す、というような考え方もできるかもしれない。しかし、いくら職業として投資を行っている人でも、個人として投資を行う時に分散を怠ることもあり得るだろう。

投資家保護を目的とした投資家の分類による制限がまったく無意味とはいえないが、決定打とはなっておらず、以上のような落とし穴があることがわかる。

ちなみに、前述したブラックストーンから２０１９年にＳＥＣに提出された報告書では、以下の規制緩和を提言している。

- Accredited Investorsが私募ファンドに出資できる資産割合の上限15％の見直し
- オープンエンド・ファンドが非流動性証券に投資できる上限15％の見直し
- 一般投資家が投資できる私募ファンドの運用業者に対する成功報酬制限条項の見直し

さらに、同報告書では、小口投資家がプライベート・マーケットに投資を行う際のリスク軽減を図るため、以下の提言を行った。

- 規制下にあるファンドの活用

（登録事業者である投資アドバイザーによって運用されているファンドであれば、小口投資家に対してもきっちり善管注意義務を果たすと期待できるうえ、規制下にあるファンドであれば、ポートフォリオの分散が図られることが期待できる。いずれの視点からも、投資家保護が担保される、というロジックだと思われる。）

- 経験豊富なファンド・マネジャーへのアクセス

（一定の規模と経験を有するうえ、機関投資家を顧客として抱えるファンド・マネジャーの運用するファンドであれば、投資家保護が担保される、というロジックが見られる。）

## 5 衝撃的な金融審議会第二次報告

以上のような動きを受けて、日本の投資家保護行政も変わろうとしている。

安倍政権以降、上場株式だけでなく、ＰＥのような商品やそれを運用するＰＥファンドに資金が十分行き渡っていないという問題提起が再三行われてきた。

本書執筆時点での最新の動きとしては、２０２1年9月27日、金融審議会「市場制度ワーキング・グループ」の第二次報告において、「特定投資家」の定義拡大が提唱されたことがある。

特定投資家になる要件は、現在のところ「純資産・投資性金融資産がともに3億円以上」「取引経験が1年以上」というものだ。それを、この第二次報告では、**図表2−4**のように変えることを提唱している。

これによると、「年収1億円以上」「投資性金融資産5億円以上」「純資産5億円以上」のいずれかを満たした場合、特定投資家になることが認められる。それぞれ、それなりに高いハードルだといえるだろう。

しかし注目すべきは、図表中の「複数属性の組合せ」だろう。「純資産・投資性金融資産3億円以上」で「年平均取引頻度4回／月以上」、または「特定の職業経験・保有資格」があって「年収１０００万円以上」「純資産・投資性金融資産1億円以上」の条件が満たされれば、特定投資家になれるという内容だ。

この組合せの中で、最もハードルの低い条件は「特定の職業経験」があって「年収１０００万円以上」だろう。「特定の職業経験」のなかには「金融機関に1年以上」が含まれる。ということは、金融機関に1年以上勤務し、

【図表２－４】 特定投資家（個人）の要件の見直し

**分析結果を踏まえた検討の方向性**

○ 分析の結果、以下の属性等の投資家については、**純資産・投資性金融資産ともに3億円以上かつ取引経験1年以上である投資家（207名）の平均正答率（約56%）（※）と概ね同等以上の平均正答率**となった。

（※）当該正答率は上位約33%の水準（回答者全体の平均正答率は約45%）。

○ このうち、特定の職業経験及び保有資格のうち一部の属性（注の下線部分）の投資家は、（1）リスク評価能力（知識・経験）の観点から、概ね（2）リスク耐久力（財産）の有無に関わらず同等以上の平均正答率を有する結果となった。
一方、金商法上、特定投資家へ移行可能な個人は、**「知識・経験・財産の状況に照らして特定投資家に相当する者」**とされており、分析にあたっては、**（1）リスク評価能力（知識・経験）及び（2）リスク耐久力（財産）の双方を勘案する必要**があると考えられる。したがって、**当該属性については、（2）リスク耐久力（財産）を推定する属性との組合せを要件とすることが適当**と考えられる。

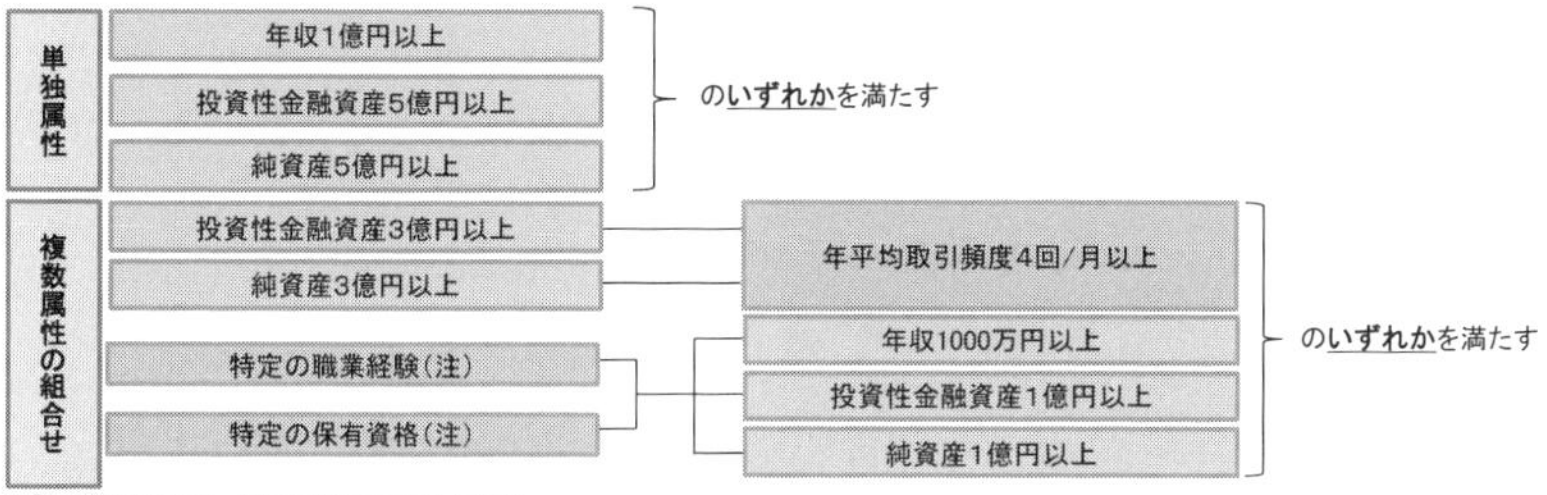


注）①職業経験のうち、以下のものに1年以上従事
・金融機関業務（金融商品の販売・商品企画業務/法人への投融資業務/金融資産の運用業務/金融資産の運用アドバイス業務/その他業務）
・会社経営のコンサルティング・アドバイス/経済・経営に関する教職・研究職
②保有資格のうち以下のもの
・証券アナリスト/証券外務員（1種、2種）/1級・2級FP技能士・CFP・AFP/中小企業診断士
のうち、下線部分の属性は、財産・年収要件にかかわらず、同等以上の平均正答率となる（下線部分以外の属性は、財産・年収要件との組合せにより、同等以上の平均正答率となる）。

出所）金融審議会「市場制度ワーキンググループ」（第７回）事務局資料

年収１０００万円をクリアしていれば、特定投資家になれるということになる。これは、現在の「資産３億円以上」から、劇的な緩和といえるのではないだろうか。

その後、この第二次報告に基づいて特定投資家の定義は更新された。金融庁のウェブサイトによると、特定投資家の要件のなかには、前年の年収が１０００万円を超え、以下のいずれかの属性を持つ個人が含まれている。

(ア) 金融業に係る業務に従事した期間が通算して１年以上の者

(イ) 経済学又は経営学の教員職・研究職にあった期間が通算して1年以上の者

(ウ) 証券アナリスト、証券外務員（１種・２種）、１級・２級ファイナンシャル・プランニング技能士又は中小企業診断士のいずれかに該当し、その実務に従事した期間が通算して１年以上の者

(エ) 経営コンサルタント業に係る業務に従事した

期間が通算して1年以上の者その他の者であって、(ア)~(ウ)の者と同等以上の知識及び経験を有するものPEファンドへの投資を実行できる個人投資家の裾野は拡がりを見せることになる。それによって、PEファンドの「民主化」が一歩近づくことは間違いない。

そして大胆に予測するとすれば、これが規制緩和の終点だとは考えにくい。特定投資家の条件緩和によってPEファンドを小口投資家に販売するという動きは本格化し、一口当たりの投資額もそれに合わせて減額し、小口化が進み、そのことがさらなる条件緩和への圧力となっていくだろう。

## 6　欧米からアジアへと進出するプラットフォーム業者の顔ぶれ

PEファンド投資のプラットフォーム業者が、まず米国で生まれ、台頭した要因としては、米国におけるこうした投資家保護行政が明確であり、PEファンドに投資するような投資家のマーケットが出来上がっていることが大きい。

そのなかでも、マーケットリーダーともいえるアイキャピタルの成長には目を見張る。2018年から2022年まで5年連続でフォーブスの選ぶ「フィンテック50社」に選ばれている、フィンテック業界で最も注目度の高いスタートアップ会社の1つといえる（**図表2－5**）。

特に、2020年からのウィズコロナ時代に入って以来、リモートワークの拡がりにも背中を押され、成長を速めているようにも見受けられる。

アイキャピタルは2013年、ニューヨークにて、PEの投資運用、募集をそれぞれの所属会社で手掛けていた

【図表２－５】 アイキャピタル（iCapital）ウエブサイト

出所）https://www.icapitalnetwork.com/（2022年４月現在）

シニアメンバーらによって創業された。２０１４年10月、９００万ドルあまりの資金調達ラウンド＊を行った。出資者としてはクレディスイスや、イートン、パークヒル、エバコアといった、ＰＥ業界では大手のプレースメント・エージェントがずらりと顔を並べている。この時点で２０００以上のＰＥファンドへのアクセスが可能、と同社のプレスリリースで発表されているので、おそらくプレースメント・エージェントが販売しているＰＥファンドを、このプラットフォームを使って富裕層の投資家向けに販売する仕組みを提供していたものと推測される。

本格稼働後１年目の２０１５年には、３億ドルの募集を完了したことを発表している。さらに２年目の２０１６年には累計募集完了額が20億ドル、３年目の２０１７年には52億ドル、４年目の２０１８年には80億ドルに達したと発表した。その頃から大手資産運用会社との提携を加速化し、５年目の２０１９年終了時点の累計募集完了額は、前年の８倍強となる４６６億ドルに達した。６年目の２０２０年末時点で、累計募集完了額は６８０億ドルに、２０２１年12月時点で、９８０億ドルに達している。

アイキャピタル自身の資金調達も急ピッチで進んでいる。２０１７年のラウンドでは、モルガンスタンレー、ＵＢＳ、ブラックロックといった大手資産運用会社が加わり、計５０００万ドルを調達した。２０２０年には、これらの既存投資家に加え、中国の平安グループ、ゴールドマンサックスらが加わり、１４６万ドルを調達した。さらに２０２１年には、シンガポールのＳＷＦであるテマセック等が加わり、４億４０００万ドルの調達を発表した。２０２１年12月現在の時価総額は60億ドルとなり、ユニコーン企業の仲間入りを果たしている。

提携や買収により、米国外への進出にも意欲を見せている。２０２０年末時点の累計募集完了額６８０億ドルのうち、80億ドルが米国外の投資家によるコミットメントであると明かしている。２０１８年に、米国外初の拠点であるチューリッヒにオフィスを開設した。

２０２０年12月８日付Business Insider（ネット版）に掲載された、アイキャピタルのローレンス・カルカノＣＥＯのインタビュー記事によると、ヨーロッパ市場、アジア市場ともに高い関心を抱いている。２０２１年５月には、香港オフィスを開設した。また、同記事では、２０２１年中に日本への進出を予定していると話していた。そして２０２１年12月14日の日本経済新聞によると、アイキャピタルはブラックロック日本法人元社長の出川昌人氏を日本担当シニアアドバイザーに招いた。東京オフィス開設も視野に入れているという。

アイキャピタルは、販売しているファンドも狭義のＰＥに留まらず、ヘッジファンドやプライベート・クレジット等のオルタナティブ商品全般を富裕層を中心とする個人投資家に販売し、フィーダー・ファンドで運用している。

２０２１年12月現在、アイキャピタルは従業員６８２名を抱え、累計募集完了額９８０億ドル、募集を行ったファンドの数は８３５本にも及ぶ。２０１４年の本格稼働以来、わずか８年足らずで日本円にして累計１兆２０００万円を超えるファンド募集規模に達したことは驚異的というしかない。この分野における先駆的経験と、豊富な資金と人員を抱えるアイキャピタルは、これから急速に日本を含むアジアへの進出を進めるだろう。

米国では、アイキャピタルの他にＣＡＩＳやGlide Capitalといった、大小の同業者が着実に顧客層、運用資産額

【図表２－６】 ムーンフェア（Moonfare）ウエブサイト

出所）https://www.moonfare.com/（2022年４月現在）

を増やしている。このうち、ＣＡＩＳは２０２２年１月、２億２５００万ドルの資金調達を発表した。投資家には、アポロやフランクリン・テンプルトンが含まれているという。これにより、ＣＡＩＳの時価総額は10億ドルを超え、この分野ではアイキャピタルに次ぐユニコーン会社となった。

ＣＡＩＳは、２００９年にアイキャピタルより4年早く創業した。ニューヨークに本社があり、創業者がウェルスマネジメントのプロという点で、アイキャピタルと共通している。２０２２年2月時点で拠点は米国内に3か所だが、大型資金調達に成功した今後、国外進出を果たすのかどうか注目される。

アイキャピタル、ＣＡＩＳとユニコーン会社を2社生んできた米国に対して、欧州のメインプレーヤーをあげるとすればMoonfare（以下「ムーンフェア」）社だろう。２０１６年にドイツのベルリンにて創業され、現在までに1億８５００万ドル以上の資金調達を行い、13億ユーロのＰＥファンド募集を完了している（**図表2－6**）。

ムーンフェアが注目を集めてきた1つの理由は、いちはやくアジアに進出を果たしたからだろう。香港オフィスを開設し、香港の投資家に向けてＰＥファンドのファンドをオンライン上で行っている。

それに前後して、アジアでもまたローカルプレーヤーが相次いで事業を開始している。2018年にはXen Capital（以下「ゼン・キャピタル」）がシンガポールで、またその後Altive Capitalが香港で創業している。中国国内でも2015年創業のe代理が、個人投資家向けにネットを通してオルタナ商品を販売しているようだ。

2021年5月に、満を持してこの分野への進出を発表したシンガポールのADDXは、もともとデジタル証券取引所を運用するiSTOXとして2017年に設立された新興企業だ。2022年5月の最新ラウンドで5800万ドルを投資家から集めており、その結果、資金調達額は累計1億2000万ドルに達した。注目すべきは、iSTOX時代を含めると、東京東海フィナンシャル・ホールディングス、十六銀行、DBJ、さらには産業革新投資機構といった、日本の金融機関や政府機関が投資家として名を連ねていることだ。

ムーンフェアがネット上で紹介しているPEファンドには、投資家が一口5万ユーロ、つまり約675万円から投資が可能となっている。この最低出資可能金額は、アイキャピタルでは2万5000ドル、つまり約313万円まで下りてきている。

さらにADDXは、ブロックチェーン技術を使うことにより、最低出資可能金額を1000万ドル、つまり125万円程度まで下げることをプレスリリースで語っている。

つまり、業界が発展し、業者の大規模化が進むほど、さらに最低出資可能金額が小さくなっていくことが予想される。今活動している先駆者は、いずれも10年にも満たないスタートアップだ。にもかかわらず、すでに300万円の資金でPEファンドへ出資できる機会提供を可能にしている。近い将来、100万円、あるいはそれ以下の資金で投資を可能にする業界へと育っていくことは、容易に想像できる。

【図表２－７】 LUCAジャパン・ウェブサイト

出所）https://www.luca.inc/（2022年４月現在）

## 7　日本市場開花前夜――ハードルと可能性

実際に日本進出を表明したアイキャピタルをはじめ、これらの海外先駆者が日本にお目見えする日もそう遠くないと思われる。

日本国内にもこのビジネスの萌芽が見られる。

２０２１年７月、投資家とＰＥファンドを繋ぐデジタルプラットフォームを構築するという事業目的を掲げ、スタートアップ会社ＬＵＣＡ（www.luca.inc）の設立が発表され、筆者も創業に加わった（**図表２－７**）。

元ブラックストーンのマネージング・ディレクターであり、ＬＵＣＡのシデナム慶子ＣＥＯは、プレスリリースにおいて以下のようにコメントしている。

「デジタルイノベーションが進み、世界は急速に変化しています。テクノロジーを駆使することで、オルタナティブ投資＊プロセスをより効率化し、広範に投資機会を提供することが可能になると考えています。経験豊富な共同創業者とともに、魅力的な投資機会を提供するソリューションを構築していきたいと思います」。

続いて２０２２年１月、ＬＵＣＡは在シンガポールのゼン・キャピタルとの間の戦略的パートナーシップ締結を発表した。それによると、ＬＵＣ

Aは、ゼン・キャピタルのプロダクト開発チームと協働し、プラットフォームの構築を進めるという。

ゼン・キャピタルは2018年創業という若いスタートアップとはいえ、すでに独自のプラットフォームを構築し、運営し、この分野で一定の経験を積んでいる。2021年には2億ドルの資金をPEファンドやPE投資案件に対して調達している。また、2021年12月にはみずからAラウンドで750万ドルの資金調達を行ったことを発表した。LUCAにとっては、いわば一歩先を走る先輩に当たるともいえる存在であり、その技術や知見から学ぶものは大きいだろう。

LUCAという社名の語源は、学術用語の「Last Universal Common Ancestor」の略であり、直訳すれば「最終普遍共通祖先」となる。かみ砕いた意味は「現存するあらゆる生物の共通祖先」となる。つまり、LUCAというネーミングには、「あらゆる生物」とまではいかないまでも、変な壁を設けず、可能な限り手広く投資家が参加できるような場を提供したい、という哲学が含まれている。

ただし、日本における規制等の現状を鑑みた場合、たとえプラットフォームができてもLUCAが一足飛びに個人投資家に対してPEファンドの販売に踏み切るとは考えにくい。おそらく適格機関投資家、プロ投資家といった、募集先として規制上のハードルが低い投資家からB2Bの形で販売を始めるだろう。

ゼン・キャピタルとの戦略的パートナーシップ締結に関して、LUCAのシデナムCEOは以下のとおりコメントした。

「ゼン・キャピタルのプラットフォームは、B2Bにおけるホワイトレーベルでの情報提供を可能にするなど、LUCAの目指す事業戦略とプロダクトの柔軟性が合致しており、地域的特性においても協力関係が築けるとして今回の合意に至りました。日本におけるプロダクト提供が迅速に進むことを嬉しく思います。」

LUCAの主要株主であるベンチャーキャピタルHeadline Asiaは、ゼン・キャピタルにもその運用ファンドから出資している。Headline Asiaは２００８年、インフィニティ・ベンチャーズとして発足して以来、１００社を超えるアジアのＩＴ系スタートアップ企業に投資を行ってきた。投資先企業にはクラウド会計サービス会社最大手のｆｒｅｅｅ、ロボアド資産運用サービスのウェルスナビといった、上場に導いたフィンテック企業も含まれている。ＬＵＣＡにとっては心強い大株主といえる。

ＬＵＣＡが構築を目指すデジタルプラットフォームの仕組みの大枠は、アイキャピタルをはじめとする先駆者を基本的に踏襲したものとなるだろう。つまり、投資家にＰＥファンドの投資情報と投資機会をプラットフォーム上で提供し、一口の投資単位が大きいＰＥファンドのＬＰとして成立するためのフィーダー・ファンドを設立し、一投資家として運用するということになるだろう。細かい機能は未定だが、基本的にその構図は変わらないと思われる。

ＬＵＣＡは、ＰＥファンドと投資家を繋ぐプラットフォーム構築・運営を事業として明確に打ち出した、初めての日本企業だといえる。

これからはＬＵＣＡ以外でも、新規事業者や既存のプラットフォーム事業者、さらには日本の証券会社やウェルスマネジャー等が、日本の投資家をターゲットにしたＰＥファンドの販売を開始することも十分予測される。また、海外の先駆的業者と組んで、日本にテイラーメイドされたようなプラットフォームができる可能性もあるだろう。そうなれば、日本の投資家が最低出資金額１０００万円程度でＰＥファンドを選び、コミットメントを行う時代がいずれ訪れる。その額はいずれ２００万円、１００万円、さらにそれ未満に下がっていくだろう。

しかし、そのような状態になるには、日本市場にどのようなハードルが存在するだろうか。

まず、投資家保護を目的とした規制というハードルが存在する。先ほど詳しく見たように、現下の規制体系でも、大口の機関投資家以外の投資家がＰＥファンドに投資を行うことは、日本でも不可能ではない。しかし手続き的な困難や工夫が伴う。そうであれば、効率性の観点から、わざわざ労力やコストを割いて、小口の投資家に販売対象を広げる必要はないと募集する側は考える。

その他には、投資家の心理的抵抗がハードルとなっている。その実態は投資家に特有なものというよりは、日本社会全体に蔓延るPEファンド、いや、「ファンド」全体に対するステレオタイプなものといえる。何度も繰り返すように、2000年初頭に登場した「ハゲタカ」というイメージがいまだに幅を利かせてしまっている。そんな環境で、PEファンドに投資して資産形成しようというメンタルには、なかなか到達できない。

もちろん、販売会社、証券会社、はたまたPEファンド・マネジャー自身が粘り強く一からPEファンドの特性を説明し、販売活動を活性化することも不可能ではない。しかし、「ファンド」に関して情弱社会化してしまっている日本では、やはり困難や労力が伴うと業者は二の足を踏んでいるのが現状だろう。機関投資家から十分資金を集められるのであれば、逆風を突いてセールスを強行するインセンティブは弱まる。

アイキャピタルやムーンフェアなど、すでに存在するプラットフォームにログインすれば、バイアウト・ファンドやインフラ・ファンドのようなPEファンド、さらにはプライベート・クレジットのようなその他のオルタナ商品のデータを閲覧することができる。さらに、望めばそれらのファンドにコミットメントを行うプロセスに誘導される。このように、アメリカ、ドイツ、中国、シンガポールといった国の投資家は、PEファンドでどんどん資産形成を進めている。翻って日本で、ファンドと聞けば「ハゲタカ」という連想しか湧いてこないようでは、もったいないとしか言いようがない。

しかし、このような誤解や先入観が弱まり、PEファンド投資に対する正しい理解がもし進めば、日本市場のポテンシャルは大きい。いや、たとえファンドに対する社会通念が変わらなくても、投資先としてのPEファンドのうま味に気づく投資家が1人でも増えれば、日本市場が今後成長する可能性に期待は持てる。

日本市場に前向きになれる理由としては、まず富裕層の厚みがある。２０２１年のキャップジェミニの調査によると、金融資産を１００万ドル以上保有する富裕層の数で日本は３５０万人程度で、アメリカに次いで世界第2位となっている。また、野村総合研究所によると、日本における富裕層の世帯数は２０１１年の76万から２０１９年の１３３万へ、その間の超富裕層の世帯数は5万から9万に増えている。これはあくまでも調査に引っかかった数であるうえ、自己資金を所有する会社に分散せている自営業者等を含めると、この数はもっと増えるだろう。

次に、日本の富裕層による、投資に対するビヘイビアやスタンスの変化がある。キャップジェミニによる２０２１年の調べによれば、近年30～50代の新興富裕層が増えているという。これらの層は、外資系企業に勤務するビジネスエリートや、ＩＰＯ経験者、フリーランス、デイトレーダー等の、自分の力量で資産を蓄えた人が多いという。そしてこういった富裕層は、情報リテラシーが高く、知的好奇心が高い傾向にあるため、従来の資産相続型富裕層よりもＰＥファンドといった新しい商品、合理性の高い商品に投資する可能性が高いと考えられる。

また、個人投資家全般的に、株式の長期保有志向が強いことも、ＰＥファンド投資に対する潜在的ニーズの高さを伺わせる。２０２０年の日本証券業協会の調査によれば、調査対象となった株式保有者全体の平均保有期間は4年11カ月で、32％が7年以上、24％が10年以上と、長期保有に対する耐性は高い。

さらに、日本証券業協会の同じ調査によれば、調査対象となった株式保有者の76％が、株の注文を、インターネットを通したパソコンやスマートフォンで行っているという。この現状はもはや、わざわざ書くまでもないレベルのものだろう。今や株を始めたいと思ったら、証券会社や銀行の支店に行って相談するよりも、インターネットに頼るケースの方が圧倒的に多いだろう。アイキャピタルやムーンフェアといった海外のプラットフォーム業者が参入したり、ＬＵＣＡのような日本の先駆者が市場創出する素地は十分あるといえるだろう。

また、ユニコーン＊、ファンディーノ＊といった株式投資型クラウドファンディングを提供する事業者がここ数年で登場し、非上場企業への株式投資が個人投資家にとって一層身近なものになっている。

そして最後に、前述した金融審議会の「特定投資家」の定義拡大の提唱に見られるように、行政側に投資活動の活性化、裾野拡大に対する意欲が見られる。この流れが進めば、ＰＥファンドはいずれ個人投資家の商品に成長する可能性が十分ある。

そのような状況のなか、複数の非上場企業にリスク分散を図って投資するＰＥファンドへのプラットフォーム経由の投資に対して、日本の個人投資家の関心が存在すると考える方が自然だろう。アイキャピタルのような海外勢や、ＬＵＣＡといった国内新規参入者が日本市場に熱い視線を送る理由がここにある。

## 【注釈】

### ●コミットメント

ＰＥファンドへの投資。といっても、現金を送金することによって投資を行うわけではなく、ＰＥファンドの存続期間中に送金する総額を約束すること。Commitmentを直訳すれば「約束」等の意味になる。ＰＥファンドに「ｘｘ円を出資」「ｙｙドルを投資」と一般的にいう時、正確にはｘｘ円やｙｙドルの「コミットメントを行った」という。また、一般的に「ファンドサイズ」と呼ばれるものは、「全投資家のコミットメントの総額」つまり「コミットメント総額」を意味する。

●フィーダー・ファンド

Feeder fund。小規模の投資家の資金をまとめて1つのファンドをつくり、投資先のファンドの一投資家となる場合等に使われる。Feederは「飼育する者」といった意味がある。究極の投資先ファンドを「マスター・ファンド」と呼び、区別する時に使う用語。

●キャピタルコール

PEファンドに資金需要が生じる際に、ファンド・マネジャーが投資家に対して送金の依頼を行うこと。資金需要としては、定期的に投資家の支払い義務がある管理報酬のほか、管理報酬に含めないとあらかじめ規定されている支出項目（たとえばデューデリジェンス費用など）や、投資に必要な資金がある。キャピタルコールの金額は、常にファンドサイズが分母となり、必要な金額の割合が算出され、その割合が投資家のコミットメント金額に掛け合わされる。たとえば、100億円のファンドに10億円の資金需要が生じた時、15億円のコミットメントを行っている投資家に対して10分の1に相当する1.5億円のキャピタルコールが行われる。キャピタルコールの投資家に対する通知は電子メールが主流であり、通常、資金用途や送金口座、送金締切日等の詳細が示されている。

●プレースメント・エージェント

Placement agent。PEファンドの委託を受け、募集販売を請け負う募集代理人のこと。Placementには「斡旋」といった意味もあり、一般的に名詞として使われる。日本においては、ほとんどのプレースメント・エージェントが金商法上の二種免許を保有している。証券会社といった、二種免許を持つ国内系及び外資系の金融機関がプレースメント・エージェントとして動くケースも多い。世界的に見ると、PEファンドに特化した独立系プレースメント・エージェントも数多い。

●ブラインドプール

「Blind」（目の見えない）資金のプール、という意味。投資家が、資産のない、資産の見えない状態で資金運用を業者に託す状態。ＰＥファンドの募集時は投資開始前なので、その状況を表す時にしばしば用いられる。

●ＫＹＣ

Know Your Customersの略。顧客の本人確認手続きのための情報収集を意味する。銀行口座や証券口座の開設といった手続きでは、従来から氏名や住所といった個人情報の確認が行われてきたが、近年その重要性が増している。背景には、テロ集団や反社会的勢力といった犯罪組織のマネーロンダリングの横行と、金融取引を含む商取引全般のサイバー化とハッキングの頻発があげられる。ＫＹＣのプロセスそのものがデジタル化されているｅＫＹＣの普及も急速に進んでおり、ＫＹＣのノウハウ自体がビジネス化している。

●クローズド・ファンド、クローズド・エンド・ファンド

Closed fund、closed-end fund。コミットメント総額であるファンドサイズが当初の募集期間において定められ、決まった期間存続するというＰＥファンドの仕組みのこと。投資信託のようにいつでも投資家が持ち分を売り買いできるオープン・ファンド（open fund）、オープン・エンド・ファンド（open-end fund）とは対極の仕組み。存続期間中はファンドサイズが固定されているため、投資家は持ち分を手放すことができず、そのためにＰＥファンドは非流動性の高い不便な投資商品だと長年考えられてきたが、近年、セカンダリー・ファンドの台頭によって実質的に流動性が生まれて

いる。

**●アポロ**

アポロ・グローバル・マネジメント。１９９０年に米国ニューヨークで創業。２０１１年にニューヨーク証券取引所で上場。同社ウェブサイトによると、運用資産総額は４８１０億ドル。グローバル展開も進めており、日本にも２０１９年にオフィスを開設。

**●Accredited Investor（自衛力認定投資家）**

アメリカにおける投資家の類型。ＳＥＣ（Securities and Exchange Commission、米国証券取引委員会）が定めた規制。個人投資家の場合、一定の収入、保有資産額、職歴があればAccredited Investorのステータスを得て、規制下にない金融商品の取引ができる。規制下にない金融商品とは、ＰＥファンドのほか、ヘッジファンドといった私募ファンドや非公開企業の株式そのものも含まれる。情報公開義務などの規制の網がかかっている金融商品については基本的に誰もが投資できる権利があるが、そうでないものに対しては政府が品質保証できないため、商品ではなく投資家に規制の網をかけることによって投資家保護の責務を満たす、という考え方がベースにある。日本の投資家保護規制と異なる点はいくつかあるが、その中でも①必要な収入額、資産額とも少ない点、②金額が個人ではなく、世帯単位でカウントされる点、③非公開株式に対する投資も規制対象になる点が目に付く。アメリカには国全体の10％以上に相当する１３００万世帯がaccredited investorとして登録し、国全体の資産の76％に相当する73兆ドルの資産を動かしているといわれる。Accredited investorの間でネットやメディアを通して情報交換も頻繁に行われており、ブローカーといった中間業者も活発に金融商品の斡旋を行っているため、マーケットが出来上がっており、登録するメリットが多いことが理由だと思われる。

## ●金融商品取引法上の第二種金融商品取引業

流動性の低いPEファンドのような金融商品を販売するにあたって、金融庁の許認可に基づいて取得することが義務づけられている免許。免許取得のためには、資本金や社員の経験といった細かい必要条件が定められている。これに対して、普通の株式、投資信託や社債のような、流動性の高い金融商品を販売することに必要な免許は第一種金融商品取引業となる。第一種金融商品取引業に比べて、第二種金融取引業の必要条件は若干低いが、その理由は募集相手が不特定多数の投資家ではなく、適格機関投資家や特定投資家といったプロ投資家に限定されているからだと思われる。

## ●特定投資家

日本の金商法における投資家の類型。第二種金融取引業者がPEファンドを販売する際、一般投資家よりも格段に手続きが簡素化される。個人投資家の場合、純資産・投資性金融資産3億円以上、取引経験1年以上の条件がつく。誰でもなれるわけではないが、適格機関投資家よりかなり軽い条件となっている。販売業者になるためのハードルが高い分、規制当局が投資家保護の責務を果たしているという考え方があるのだろう。また、本文中にあるように、2022年から相当な条件緩和が加わりそうな気配。

## ●適格機関投資家

日本の金商法上における投資家の類型。米国のaccredited Investorのステータスと同様、規制下にない金融商品の取引ができるが、大きく異なるのは必要条件。個人投資家の場合、保有金融資産が10億円となっており、米国accredited investor（過去2年間の年収20万ドルまたは世帯年収30万ドル、夫婦間の保有資産１００万ドル、投資経験も考慮）に比べてハードルが高い。シンガポールや香港の類似ステータスも、米国accredited investorに近い水準の必要条件を課している。２０２１年11月現在、届け出を行った適格機関投資家の大半は法人やベンチャーキャピタル等であり、個人登録者は１２８人にすぎないため、米国accredited investor向けのマーケットが形成されているとは言い難い。

## ●適格機関投資家等特例業務の届け出

日本の金商法の第63条に規定される、適格機関投資家等特例業務の届け出を行ったＰＥファンドなどの私募ファンド運用者は、ＰＥファンドの募集・運用が可能になる。これによって、第二種金融取引業者の免許がなかったり、同免許所持業者に委託しなくても、ＰＥファンドの募集が可能となる。よって、国内の投資家にＰＥファンドを募集する場合、「適格機関投資家等特例業務の届け出を行うパターン」と「第二種金融取引業者を介するパターン」という実質2通りの方法が存在するという複雑な事態となっている。ＰＥファンドに投資を行う個人投資家に着目すると、「適格機関投資家等特例業務の届け出を行うパターン」でファンド募集する場合、投資家の条件は①適格機関投資家であるか、②適格機関投資家が1社／1名でも存在して、49名までの適格投資家（資産1億円以上、証券口座開設1年以上）であるか、となる。つまり、「第二種金融取引業者を介するパターン」で特定投資家相手にＰＥファンドの募集を行うよりも、あくまで個人投資家の条件に注目した場合、ハードルが高いといえる。

## ●ラウンド

スタートアップをはじめとするベンチャー企業の価値評価は、既存株主が提案し、新たに投資を検討する投資家がそれに応じて増資することで成立する。たとえば、一株１０００円で設立されたスタートアップ企業が、1年後に一株

5000円で増資を募集する、といった具合だ。株価設定には、それなりの根拠や将来性の見立てがないと、投資家は増資に応じないだろう。既存の株主は、その根拠提示とタイミングを見計らうことが重要となる。増資の投資家募集のたびに株価を増額していくタイミングを、投資ラウンドと呼ぶ。最初のラウンドをシード、以降A、B、C、とアルファベットで呼ぶことが一般的。また、ベンチャーキャピタルによって、アーリー（early）と呼ばれる早期ラウンドへの投資を中心に行うものや、レート（late）と呼ばれる後期ラウンドへの投資を中心に行うものがある。

### ●オルタナティブ投資

伝統資産（国内外の株式と債券）への投資に対して、その代替（＝オルタナティブ）という意味で使われる。つまり、株式と債券以外の投資商品を投資対象とするもの。PEファンドはもちろん、不動産やヘッジファンド、商品先物等も含まれる。オルタナティブ投資商品は、伝統資産とは異なった値動きをするため、機関投資家は通常、両者を一定割合で組み入れて分散投資を図る。

### ●ユニコーン

2015年に創業した日本の株式投資型クラウドファンディング会社。スタートアップへの投資を標榜している。

### ●ファンディーノ

日本クラウドキャピタルが運営する、投資家とスタートアップ企業のマッチングを行うサイト。同社ウェブサイトによると、累計成約額72億円、累計成約件数222件、ユーザー数8万7千人を超える（2021年12月現在）。

# 第三章

## プライベート・エクイティから プライベート・マーケットへ

本書はＰＥ、つまりプライベート・エクイティをテーマにしている。その前提としては、公開株（public equity）のように公開市場で取引されていない非公開株（private equity）の売買を行うファンド、という定義が存在する。そして本書ではこれまで、ＰＥファンドのなかでもバイアウト・ファンドとベンチャーキャピタル・ファンドを中心に話を進めてきた。また、ＰＥファンドに流動性をもたらす存在として、セカンダリー・ファンドにもスポットライトを当ててきた。

しかし、ＰＥファンドの世界は、歴史的に変遷を遂げてきたという側面もある。バイアウト・ファンドがかつてＬＢＯファンドと呼ばれていた時期があったように、呼び名そのものも変わってきた。ＰＥファンドという呼称が一般化したのもおそらく２０００年代以降だろうと思われる。また、近年はバイアウト・ファンドのことをＰＥファンドと呼び、ベンチャーキャピタル・ファンドとは区別する傾向も強まっている。

さらに、ここ数十年で新しいＰＥファンドの派生商品が登場してきた。グロース・キャピタルやインフラ・ファンド、コーインベストメント・ファンドといったものが好例といえる。そういった派生商品は、非公開「株」を売買するファンドとは呼びきれないものにまで及んでいる。たとえば、ＰＥＲＥ（ＰＥ不動産）ファンドといったものだ。極めつけは、プライベート・デットだろう。明らかにデット（負債）を提供しているファンドを、プライベート「エクイティ」と呼ぶのは無理があるとの認識が上がっている（エクイティは「普通株式」を意味するため）。オルタナティブ資産、非規制下の資産に投資し、クローズド・エンドの形をとる点でＰＥファンドと特性を共有しているにすぎない。

そこで、最近出てきたのが、これらの商品をひっくるめて「プライベート・マーケット」と呼ぶ習慣だ。公開市場の原語は「パブリック・マーケット」なので、その非公開版と考えれば、理屈にあった呼称といえる。

このような商品の多様化と呼称の変遷に伴って顕著なのが、運用業者の多様化といえるだろう。かつて、バイアウトならバイアウトに、ファンド・オブ・ファンズならファンド・オブ・ファンズに特化していたような運用業者が、運用資産の拡大に伴って資金力をつけ、グロース・キャピタル・ファンドを買収したり、みずからベンチャーキャピタル・ファンドを始めたりするクロスオーバー化が目立ってきている。伝統資産を運用していたアセットマネジメント会社が、ＰＥファンドの運用を始めたり、ＰＥファンド運用会社を買収するケースも増えている。逆に、巨大化したこれらの運用業者から、スピンアウト＊して独立するケースも散見されている。

投資家にとって重要なのは、これらの多様化したＰＥファンドや、大中小の運用業者のそれぞれの特性を見極めることだろう。単にどれがいいかどれが悪いかだけではなく、メリット・デメリットを正確に把握し、どのようなポートフォリオを投資家が組むのか、という観点から整理して理解することが求められている。

## 1　広がるＰＥファンドの種類

バイアウト・ファンド、ベンチャーキャピタル・ファンド、ＰＥセカンダリー・ファンドや、本書プロローグで紹介したディストレスト・ファンド、ＰＥ不動産ファンド、インフラ・ファンド、プライベート・デット・ファンド以外にも、ＰＥファンドの投資戦略は細分化している。

たとえば、グロース・キャピタル・ファンドがあげられる。グロース・キャピタルは、文字どおり成長(growth) している企業への投資、企業成長を促す投資のために資金を出すファンドを意味する。バイアウト・ファンドが比較的成熟企業、ベンチャーキャピタル・ファンドがスタートアップや創業後数年の企業を投資対象とするのに対して、グロース・キャピタルはその中間の段階にある企業に投資するといっていいだろう。

こう書くと、レーター・ステージに投資を行うベンチャーキャピタルとの区別がつきにくい。たとえば、創業後からベンチャー投資を受けて5年程度たち、資金調達ラウンドを重ねてきた企業があるとする。そのようなレーター・ステージに投資するベンチャーキャピタルは数多いし、なかにはスタートアップには投資せず、レーター・ステージにしか投資しないベンチャーキャピタルも多い。そのようなベンチャーキャピタルとグロース・キャピタルはどう違うのか。

結論からいえば、グロース・キャピタルでも、ベンチャーキャピタルとともにレーター・ステージに投資するケースはある。しかし一般的には、グロース・キャピタルは以下のような条件を満たす投資を行っていると考えられる。

- 投資先企業の半数未満の株式を取得する。

- 投資を行う際、レバレッジをかけることをしない。

- 経営権を新たにとるのではなく、すでに業績が軌道に乗っていて次の成長局面へ進もうとするような企業に資本注入を行い、成長を側面支援し、促進するような投資を行う。

これでもまだレーター・ステージのベンチャーキャピタルと区別がつきにくいだろうが、ベンチャーキャピタルはやはり、複数のベンチャーキャピタル・ファンドがシードラウンドから始まって資金調達ラウンドごとに企業評価を上げていき、投資を重ねてエグジットに向かう、という特徴があるのに対して、グロース・キャピタルはそのような定型にあてはまらず、「成長している企業が増資する段階で資本注入する」という型にはまれば前広に投資を行うという傾向がある。

また、ベンチャーキャピタルは、必ずしも売上や利益が出ているとは限らない企業でも投資対象となる。たとえ赤字でも、資金調達ラウンドごとの評価額は株主らの意向でどんどん上がっていくし、新規投資家はその将来性に賭けて投資を重ねていく。投資先企業が赤字のままＩＰＯし、黒字化を見ることなくエグジットを果たすベン

【図表３－１】 ByteDanceの出資者

| ラウンド | 年月 | 投資家 | 投資額 | 企業価値評価 |
|---|---|---|---|---|
| エンジェル | 2012/4 | SIG China | $0.03億 | NA |
| Series A | 2012/7 | SIG China | $0.01億 | NA |
| Series B | 2013/9 | Apoletto | $0.1億 | $0.6億 |
| | | SIG China | | |
| | | SourceCode Capital | | |
| Series C | 2014/6 | Weibo | $1億 | $5億 |
| | | Sequoia Capital China | | |
| Series D | 2016/12 | Sequoia Capital China | $10億 | $110億 |
| | | CCB International | | |
| | | K3 Ventures | | |
| Series E | 2017/9 | General Atlantic | $20億 | $220億 |
| Pre-IPO | 2018/11 | General Atlantic | $25-40億 | $750億 |
| | | KKR | | |
| | | Softbank Vision Fund | | |
| | | Primavera Capital | | |
| NA | 2020/3 | Tiger Global Management | NA | $1000億 |

ベンチャーキャピタル

グロース・キャピタル

（その他は事業会社やテック系全般に投資するファンド等）

出所）Crunchbase、Matthew Brennan"Attention Factory: The Story of TikTok and China's ByteDance"より筆者作成

チャーキャピタルも多い。対してグロース・キャピタルは、赤字のままの投資先企業に出資するというパターンもあるにはあるが、少なくとも典型的ではない。色んな意味ですでに軌道に乗った成長企業に投資を行う、という性格といえる。

たとえば、ＴｉｋＴｏｋの運用で知られる中国のユニコーン企業ByteDanceは２０１２年３月の創業以来、劇的な成長を見せてきたが、資金調達ラウンドごとにＰＥファンドの出資を受け入れてきた。**図表３－１**にあるように、創業初期はベンチャーキャピタルからの出資が主体だったが、企業価値が大規模化するに従ってグロース・

キャピタルが増えているのが見てとれる。ちなみに2018年11月にバイアウト・ファンドの雄ＫＫＲの名前があるが、ＫＫＲがアジアで運用しているファンドにはグロース・キャピタル投資も戦略の1つに入っている。

また、中国に本社のあるByteDanceがそうであるように、グロース・キャピタル・ファンドは、主に途上国や高成長市場において散見される。日本のような低成長市場ではほとんどお目見えしない。たとえばアジアでは、中国やインドにおいて活動を行っているＰＥファンドは、ほとんどがベンチャーキャピタルかグロース・キャピタルというのが現実といえるだろう。両国の経済状態を考えれば、売上も利益も順調に伸びている創業10年以内くらいの会社が多数存在することは容易に想像できるだろう。グロース・キャピタル・ファンドへの投資には、すでに軌道に乗っている成長会社を捕まえて、増資局面で参画できるという魅力がある。そもそも、そのような高成長市場では、バイアウト投資を行おうにも金利が高すぎてレバレッジをかませにくいという事情もある。

一方で、グロース・キャピタル・ファンドには、色々な意味で投資先企業に対する発言権やグリップが効いていないという弱点もある。発行株式の過半数を取得するバイアウト・ファンドは、経営権をとることはもちろん、エグジットの方法やタイミングもみずから決定できる権限を持つ。各社の保有比率が低いベンチャーキャピタル・ファンドも、束になれば相当な保有比率になるうえ、評価額やＩＰＯへの道筋に大きな影響を与える。対してグロース・キャピタル・ファンドは、投資先企業の業績が落ち始めたり、エグジットを投資先企業の経営陣から渋られた場合、手をこまねいてしまう傾向がある。

グロース・キャピタル・ファンド以外のＰＥファンドに目を向けると、たとえば、ファンド・オブ・ファンズの存在がある。その役割としては文字どおり、複数のＰＥファンドにコミットメントを行うことによってポートフォリオを形成しファンドを運用する。

投資家にとってのメリットとしては、以下のものがあげられる。

①　複数のＰＥファンドへ分散投資ができる。
②　あまりなじみのないＰＥファンドやＰＥマーケットのファンドへアクセスができる。
③　人気が高すぎてアクセスが難しいＰＥファンドに、ファンド・オブ・ファンズを通してコミットメントが可能になる。
④　投資先の複数のＰＥファンドの情報やキャピタルコールを１本化して管理できる。

一方、投資家にとってのファンド・オブ・ファンズのデメリットとしては、以下のものが考えられる。

①　ＰＥファンドに支払う管理報酬に加えて、新たにファンド・オブ・ファンズに対して管理報酬を支払うことになる。
②　ＰＥファンドの組み入れに失敗し、好成績を出したＰＥファンドの投資収益が不調なＰＥファンドに足を引っ張られ、ファンド・オブ・ファンズ全体の投資収益に生かされない可能性が出てくる。
③　投資家がファンド・オブ・ファンズを通さずに直接コミットメントを行ったＰＥファンドを、ファンド・オブ・ファンズが組み入れてしまい、二重投資になる可能性がある。
④　ファンド・オブ・ファンズの組み入れ先ＰＥファンドに直接連絡をとって次号ファンドのコミットメントを直接行えば、ファンド・オブ・ファンズが不要になる。

事実、アメリカではファンド・オブ・ファンズは衰退産業だと考えられているという声を耳にすることもある。しかし、アジアのように（欧米の投資家にとって）理解困難なＰＥ市場の場合、マーケットやファンドの特性を十分理解してポートフォリオを構築できるファンド・オブ・ファンズの存在は依然貴重だという声もある。また、ファンド・オブ・ファンズの運用会社は、セカンダリー・ファンドやコーインベストメント・ファンドといった派生ファンド商品を募集運用したり、大手アセットマネジメント会社の傘下に入るなどすることによって付加価値を生み出し、今のところ生き残りに成功している。

コーインベストメント・ファンドとは、co-investment fundと書く。要するに「共同投資」、もっといえば「PEファンドとの共同投資」のことを意味する。その投資戦略は、PEファンドの特定投資先案件に共同投資するというものだ。PEファンドにLP投資家としてコミットメントを行い、全投資先のエクスポージャーを得るのとは違い、気に入った案件のみを選りすぐって共同投資する。

コーインベストメント・ファンドは、主にPEファンドにLP投資家としてコミットメントしているファンド・オブ・ファンズが商品化している。LP投資家として入っていないと、そもそもPEファンドの投資案件にアクセスできないことが多いことが理由だろう。そのアクセス力と、デューデリジェンス能力を活かすことで、ファンド・オブ・ファンズが共同投資を仕掛ける。

コーインベストメント・ファンドのメリットとしては、以下のようなものがある。

① （コーインベストメント・ファンド運用会社が）気に入った特定の投資先企業のみ選りすぐって投資ができる。

② 複数のPEファンドの投資先から投資案件を選ぶことができる。

③ 共同投資には管理報酬や成功報酬がかからない。

コーインベストメント・ファンドのデメリットとしては、以下のようなものが考えられる。

① 当該PEファンドにとって、共同投資の対象となる投資案件が最良のものとは限らない（案件規模が一定以上だったり、コーインベストメント・ファンドのデューデリジェンス時間が十分確保されている等の条件が揃わないと成立しない）。

② PEファンドにとって、投資に踏み切るまでに共同投資のプロセスをはさむのは足かせになる可能性がある。

③ たまたま共同投資案件が投資として失敗すると、ＬＰ投資家にとってはＬＰ出資分に加えて二重にマイナスの影響が増幅される。

最後に、最近特に注目を集めているＰＥファンドとして、ＥＳＧ＊ファンドやインパクト・ファンドの存在をあげたい。

現在、ＰＥファンド業界での関心が「利益さえ上げればいい」「儲かればいい」から「何に投資して利益を上げるか」「この投資によって世の中が良い方向に向かうか」にシフトしつつある。広がる経済格差を受けて、「持てるもの」から「持たざるもの」への資金還流を促す国際世論も浸透してきている。この流れはＰＥファンドだけに止まらない。伝統的資産への投資や、経済活動全般に拡散する世界的なトレンドといえよう。その文脈で誕生したのがＥＳＧファンドであり、インパクト・ファンドといえる。

地球環境問題やジェンダーバイアス、経済格差問題といった、地球規模で取り組まなければならない問題は、現在、山積している。冷戦崩壊後、唯一の超大国となった米国も、内向き傾向が強まり、国際的影響力はすでに後退しているという見方も強まっている。一方で、国連、Ｇ20、ＥＵといった国家間の枠組みは弱体化し、「Ｇ０（ゼロ）」と呼ばれる世界に突入している。

そこで、国や公的機関に頼らず、巨額の資金を運用できる立場にあるＰＥファンドが、こういった問題の解決型投資を積極的に行う動きが顕在化している。低金利、ゼロ金利時代に入り、投資家が驚くような投資収益をＰＥファンドに求めなくなったという背景もあるだろう。

公開株投資の世界では、ＥＳＧ投資の運用成績が優れているという結果が出ており、さらに注目を集めている。その波がＰＥファンドにも押し寄せているといっていいだろう。ＥＳＧといっても範囲が広く、すべての条件を網羅していると投資戦略を整理しづらくなるため、今のところＥＳＧ全般ではなく、特定の戦略（人種多様性、ク

【図表３－２】 ESGプログラムの株主価値に対する効果を認めた投資家の割合

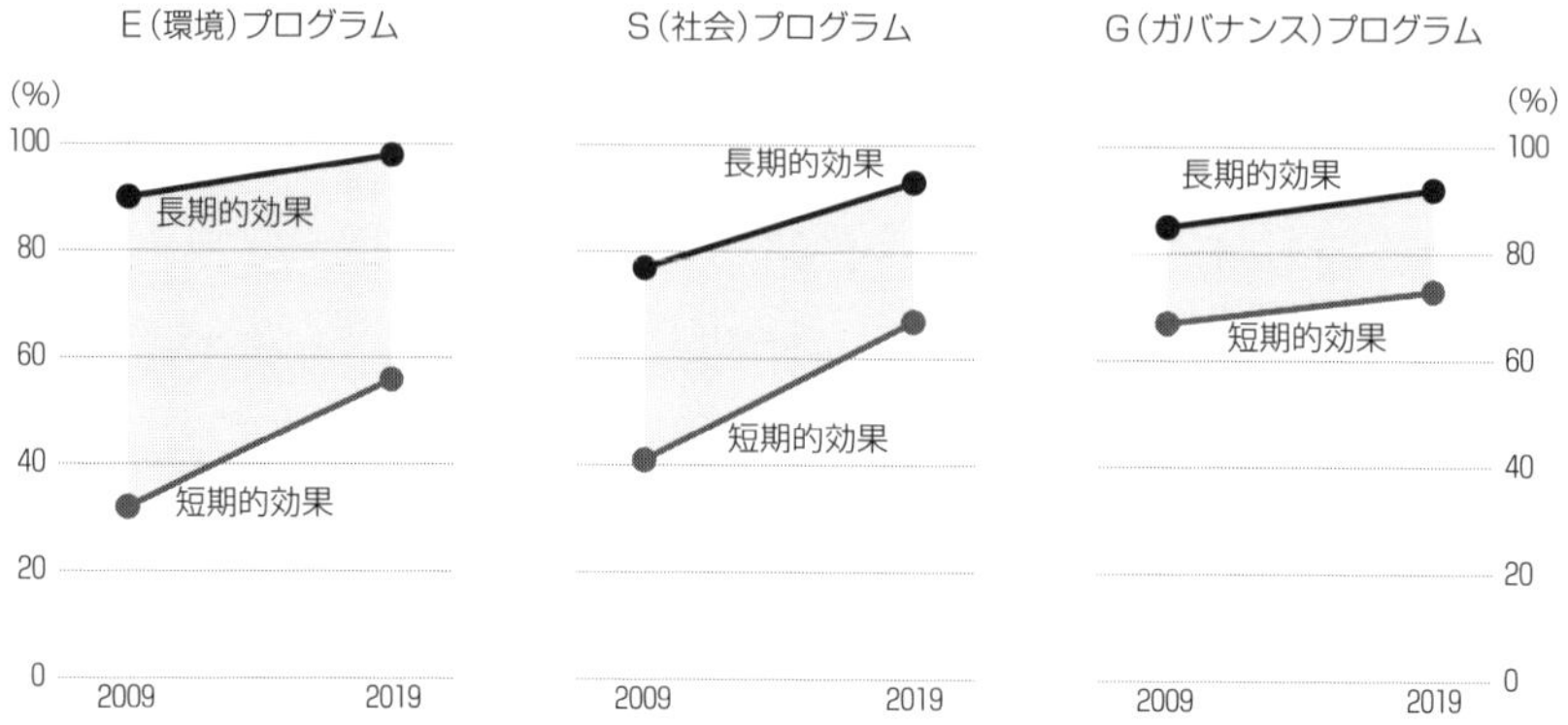


回答者数：2009年136、2019年342

出所）McKinsey

リーンエネルギー等）をとるものが出てきているような印象だが、これからその方向性がより明確になるだろう（**図表３－２**）。

グロース・キャピタル・ファンド等の投資収益の特徴を見たついでに、バイアウト・ファンドとベンチャーキャピタル・ファンドの戦略についても詳しく見ていきたい。

## 2 バイアウト・ファンド投資収益の上げ方

バイアウト・ファンドのメリットとしては、以下のものがあげられる。

① 経営権を握ることにより、ファンド本位、投資収益本位の方向に投資先企業を向かせることができる。

② 経営権を握ることにより、エグジットをファンド本位、投資収益本位で進めることができる。

③ レバレッジ効果により、投資収益を増幅させることができる。

④ 投資先企業は業績が安定していたり、すでに設立後相当年数のたった成熟したものが多いため、投資が驚くような失敗に終わる確率は比較的低い。

また、メリットとは必ずしもいえないが、バイアウト・ファンドの投資先企業には成熟企業が多いため、投資額も規模が大きくなりやすい特徴がある。一部上場企業の過半数の株式を丸ごとＴＯＢで買い取り、非公開化するなどといった芸当は、バイアウト・ファンドにしかできない。

２０２１年にも、東芝が大手バイアウト・ファンドであるＣＶＣやＫＫＲ、ブルックフィールド＊から買収提案を受けたという報道があった。

この試みが現在どうなっているのかは不明だが、２０２１年11月には東芝が分割された形で存続することが発表された。このように、案件規模が大きく、良くも悪くも社会的影響を与え、その名が知られてしまうのがバイアウト・ファンドの傾向でもある。これは日本だけに留まらないバイアウト・ファンドの特徴といえる。

また、①と②の特徴としてあげた「ファンド本位、投資収益本位」の経営に誘う点も、社会的に誤解を受けやすい原因の1つといえよう。バイアウト・ファンドは、投資先企業の評価を行う際、ＥＢＩＴＤＡマルチプル法＊を使うことが一般的だ。いずれバイアウト・ファンドが投資先企業を売ってエグジットする際には、算出された企業評価を軸に売却交渉を行うため、企業評価を上げることはバイアウト・ファンドにとって大変重要だといえる。そこで、バイアウト・ファンドは投資先企業のＥＢＩＴＤＡを上げようと経営の方向性を持っていこうとする。

企業のＥＢＩＴＤＡを上げることは一見、良いことのように思われるだろう。日本企業の利益率の低さが叫ばれて久しいので、バイアウト・ファンドの経営は日本企業にとって良い刺激となり得る。

しかし一方で、「企業は誰のものなのか?」という論争は決着がついていない。業績が悪化しても従業員の雇用を何としてでも守ろうという意識があると、コスト高構造となり、利益率が下がることもあろう。また、企業は利益率を一時的に抑制しても、中長期的な効果を狙って設備投資に踏み切る場合も多々ある。そのようななかで、四半期ごとに投資先企業のアップデートを迫られ、数年間の限られた保有期間で投資先企業の利益率向上を狙うバイアウト・ファンドの投資スタイルが、もろ手をあげて万人から賛同を受けているわけでもない。

ただし、この話を逆手にとれば、利益率の低いことが問題化している企業や、経営陣の怠慢経営が放置されているような企業にとっては、バイアウト・ファンド主導で数年間利益率重視の経営が実現することは大きなメリットともいえる。事実、成熟企業は得てして、そのような中だるみの経営下にあることが多い。

バイアウト・ファンドの投資先企業に対する仕掛けは多岐にわたる。たとえば、明らかに無駄な資産や事業を抱える企業があれば、それらを売却したり畳むことによる合理化手法がある。

また、ロールアップ＊と呼ばれる、他の地域における類似企業を追加買収して、スケールメリットを生むようなやり方もある。ロールアップは、特にM＆Aの盛んな欧米諸国では多く見られるが、近年日本でも増えている。

事業承継の局面で、必ずしも売り手である創業者株主が（相続税対策等のために）株式の売却価格を最大化する気のない場合、バイアウト・ファンドが比較的安価に買収し、エグジット時との価格差をつくりやすくするようなケースもある。

さらに、正攻法で先進的な経営手法や管理手法等を導入し、利益率を底上げするようなバイアウト・ファンドもある。

投資家から見たバイアウト・ファンドの期待リターンはだいたい10年間で2倍、ＩＲＲ20％といえよう。案件によっては3倍や4倍、またはそれ以上の投資収益が上がるものもあれば、逆に投資元本を割ってしまうような案件もある。イメージとしては、バイアウト・ファンドが10件投資を行えば、ファンドの最終投資リターンを上回る案件が6件、下回る案件が4件、そしてその4件のうち元本割れの案件が1、2件といったところだろうか。レバレッジをつけない案件ばかりであれば、この投資収益はもっと低くなるはずだ。つまり、レバレッジをつけることによって、バイアウト・ファンドは初めて期待リターンを達成するといえる。

バイアウト・ファンドの弱点としては、以下のものが考えられる。

①　金利上昇局面では高いレバレッジが負担になり、投資先企業の業績の足を引っ張ることが多い。
②　ファンドが経営権を握っていても、既存経営陣や既存幹部と意見が対立し、経営全般に不和を生み、業績に悪影響を与えることがある。
③　ファンド側の先進的な経営手法が投資先企業の体質に相容れず、空回りしてマイナスの影響を与えることがある。
④　社史の長い成熟企業に投資することが多いため、事前のデューデリジェンスでは知り得なかった「隠れた事実」がバイアウト・ファンド投資後に発覚することがあり、投資の前提そのものに狂いが生じる。

最後の点に関して、人気ドラマ『半沢直樹』シリーズでは、長年銀行が融資していた企業で粉飾決算、役員の使い込み、隠し資産が発覚するようなシーンがしばしば見られる。一流上場企業である東芝でも２０１５年、不正会計問題が世を騒がせた。いかにバイアウト・ファンドが念入りにデューデリジェンスを行ったとしても、④のような「隠れた事実」が投資後発覚することは、驚きに値しないのかもしれない。

いずれの弱点、特に②以降は、「企業は生き物」であり動かしているのはヒトである、ということを考えれば、当然といえば当然といえる。

バイアウト・ファンドの投資事例として、ベイン・キャピタルが２０１５年に投資を行った雪国まいたけ＊の事例を簡単に紹介したい。

米国に本拠地があり、当時アジア全体を投資対象とするファンドで日本に投資していたベイン・キャピタルは、２０１５年4月、東証2部に上場していた雪国まいたけをＴＯＢにより買収した。２０１５年5月に関東財務局長に提出された報告書によれば、発行済株式等総数のうち、71・46％に当たる２７７９万２２２５株を、ベイン・キャピタルの運用するファンドが一株当たり２４５円、計68億円で取得したと書かれている。また、同じ報告書には、取得した株式を担保にして銀行団から借入を行ったと記録されている。つまり、本件は株式の購入資金の一部を借入金で調達したＬＢＯだったことがわかる。

続いて２０１５年６月までに、ベイン・キャピタルは雪国まいたけの１００％親会社となった。同年５月に関東財務局長に提出された臨時報告書によると、雪国まいたけの臨時株主総会によって、そのための定款の変更などが行われている。ＴＯＢの際にすでに71・46％の株主になっていたベイン・キャピタルが、残り30％弱の株式をどのくらいの金額で買ったのかは公表されていない。しかし、仮にＴＯＢ価格の一株２４５円と仮定すると、27億円程度となる。つまり、雪国まいたけの全株式取得に合計95億円を費やしたという試算になる。

その後、増資に伴う神明ホールディングスの資本参加を経てベイン・キャピタルの保有株式比率は51％となり、２０２０年９月、雪国まいたけは東証１部に再上場した。ベイン・キャピタルは保有していた２０３２万３５００株を売却した。雪国まいたけの上場初値は一株当たり２１００円だったので、ベイン・キャピタルが手にした売却益は約４２０億円ということになる。４２０億円というと、投資金額の推計95億円の４・４倍程度だが、この数字がベイン・キャピタルの投資収益倍率ではないだろう。最初のＴＯＢの際にレバレッジをつけているということは、ファンドからの出資金額は95億円より少なかったはずである。また、保有期間中に借入金のリファイナンスを行った可能性もある。そう考えると、投資収益は４・４倍以上と考えるのが自然だといえる。一般的にバイアウト・ファンドの期待リターンの目安が10年間で２倍ということを考えれば、ベイン・キャピタルの雪国まいたけの投資結果は大成功だといっていいだろう。

ベイン・キャピタルの保有期間中、雪国まいたけの業績は大きく向上した。**図表３－３**にあるように、売上は３倍弱に達し、赤字だったのが純利益だけで27億円を上回った。

投資開始時は１００％、その後神明ホールディングス参画後も51％の株主だったので、ベイン・キャピタルの経

【図表3－3】 ベイン・キャピタル保有期間中の雪国まいたけ連結業績*

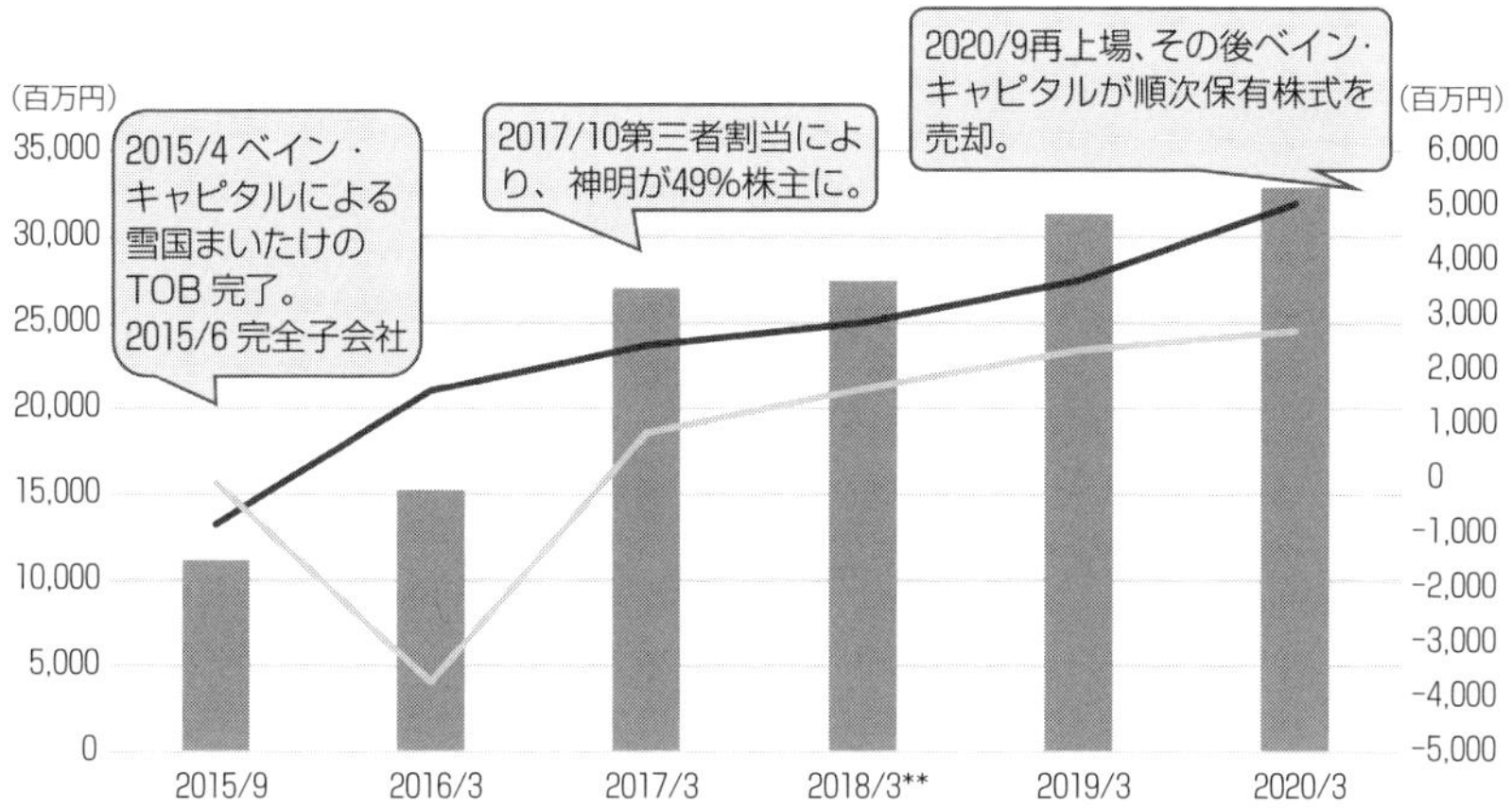


* 2019/3以降、雪国まいたけはIFRSによる連結経営指標を採用しているが、参考情報として、本グラフで示しているような、それ以前に採用していた日本会計基準に基づいた指標を有価証券報告書で開示している。
**2018/3の売上高、経常損益、当期損益は、2017/12期と合併後の2018/3期の数字を筆者が加えたもの。

売上高（左）　経常損益（右）　当期損益（右）

出所）有価証券報告書を基に筆者作成

営への関与度は深かったと推測できる。再上場時の有価証券報告書によると、ベイン・キャピタルの保有期間中に雪国まいたけは、まいたけの新ブランドを立ち上げたり、マッシュルームの製造販売に参入するなど、活発に事業展開した様子が見てとれる。また、中国を含む子会社を売却し、新たにぶなしめじや本しめじ等に特化した会社を買収するなど、事業を効率化、高品質化した形跡も見てとれる。

もともと、ベイン・キャピタルは大手コンサルティング会社ベイン・アンド・カンパニーの出身者が創業したPEファームであり、今でも元コンサルタントを多く採用している。数多くの会社の経営を見てきたコンサルタントの視点から、事業のテコ入れを行ってきたのだろうか。有価証券報告書によれば、雪国まいたけに2、3名の取締役を派遣していたようだ。

## 3　ベンチャーキャピタル・ファンド投資収益の上げ方

一方、バイアウト・ファンドとともに代表的なＰＥファンドと考えられているベンチャーキャピタル・ファンドは、かなり毛色の違う方法で投資収益の向上を図る。

ベンチャーキャピタル・ファンドのメリットとしては、以下のものがあげられる。

①　投資先を選ぶ際、長年スタートアップ企業や起業家の成功・失敗を見てきたベンチャーキャピタル・ファンドマネジャーの目利き力を享受することができる。

②　投資先企業が成長軌道に乗ると、他のＰＥファンドや事業投資家、さらにはＩＰＯ後は一般投資家からも莫大な規模の資金調達を得た後、エグジットできる。

③　ベンチャー投資の業界には、起業家、エンジェル投資家、機関投資家、ＩＰＯ幹事会社といったプレーヤーが参加するクラスターがあり、ベンチャーキャピタル・ファンドの力でそれらの力を集結させて投資先企業の成長や資金調達に生かすことができる。

④　世界中の投資家が興味を持っている技術や事業構想に、起業後の早い段階から投資することができる。

特に、最後の④に関しては、現在、われわれ人類社会は、長期的に見てＩＴ革命の真っ最中にあり、ＡＩ、仮想通貨、メタバース等の技術が、移動、製造、流通、医療、社会交流、サービス、金融取引、娯楽といったあらゆる分野において急速に実装段階に来ている。その方法や手段は、特定の政府や官庁、大企業、人物がトップダウンで決めるのではなく、起業家たちが知恵を出し合い、成功と失敗を繰り返すプロセスによって選別されている。ベンチャーキャピタル・ファンドは、まさにそのプロセスの潤滑油の役割を果たしているといっていい。

ところが、ベンチャーキャピタル・ファンドの投資収益の出し方は意外と知られていない。基本的に株のやり取り、つまり企業の株式を買って数年後売却し、その差益を享受する部分はバイアウト・ファンドやグロース・キャピタル・ファンドと変わらない。特徴は、最初の投資額が比較的小さいことと、失敗案件の絶対数が多いことと、成功案件の投資倍率が他のPEファンドではまず見られないような高い数字になるということだろう。

スタートアップの資金調達方法も、起業から何回かにわたってIPOなり転売に持っていく。これは資金調達のラウンドと呼ばれる。**図表3－1**のByteDanceのように、ラウンドごとに企業価値評価が上がっていくのに伴い、一株当たりの価格が上がっていく。このような資金調達方法は企業が急速に大規模化している証であり、バイアウト、グロース・キャピタル、インフラ等には見られないダイナミックなものだといえる。

ただし、投資先企業が失速した場合、それ以降は株式評価額を上げての資金調達ができなくなり、前回ラウンドを下回る価格で売却を強いられるケースもある。また、そもそもスタートアップ企業は既存事業が存在しない状態で始まるので不確定要素が多く、株式価格ゼロに近い状態で売却といった憂き目に遭うベンチャーキャピタル・ファンドも多い。しかし、1社でもファンドに「ホームラン案件」と呼ばれるような10倍以上のような投資倍率を上げるような案件があると、ファンド全体の投資収益が救われるケースもある。

つまり、ベンチャーキャピタル・ファンドの弱点としては、投資案件が成功したら大きいが、成功確率が低い、ということに尽きる。ただし、同じベンチャーキャピタル・ファンドでも、シードラウンドやAラウンドといった、企業評価が低い段階に少額投資して大きく投資収益を狙う「アーリー・ステージ型」もあれば、より後続ラウンドで、ある程度成長軌道に乗り、企業評価が出来上がりつつある局面で投資を行う「レーター・ステージ型」もある。「アーリー・ステージ型」の方が「レーター・ステージ型」と比較して投資額やファンドサイズが小さく、成功確率は低いが投資収益の高いハイリスク・ハイリターンの投資となる。

【図表３－４】 IPOまでのメルカリの調整後株式発行価格*

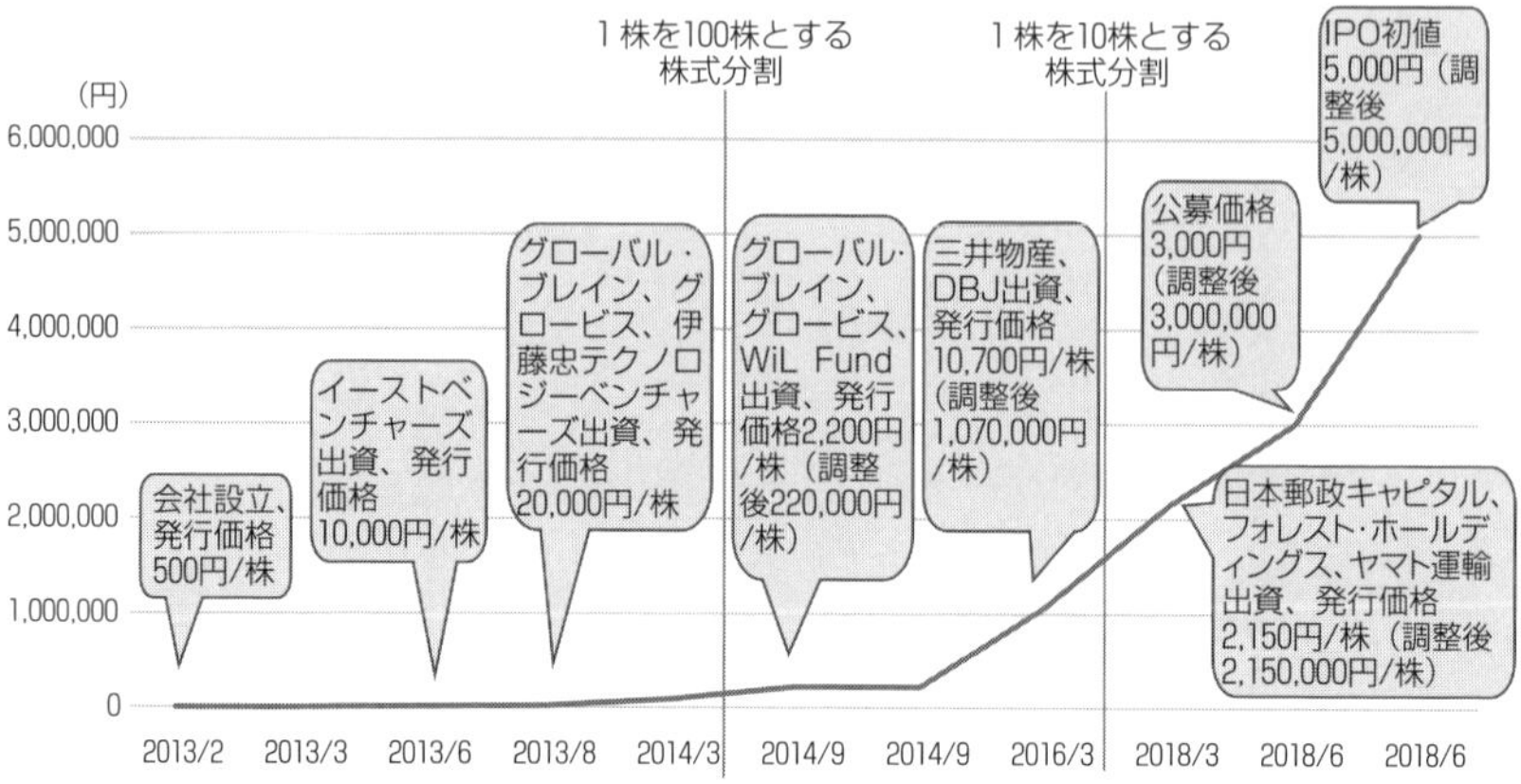


*2014/4の株式分割前を基準とした発行価格

出所）有価証券報告書を基に筆者作成

たとえば、**図表3－1**のByteDanceの投資ベンチャーキャピタル・ファンドの顔ぶれを見れば、SIG China＊はアーリー・ステージ型ベンチャーキャピタルであると推測される。さらに、後続ラウンドになると、KKRやPrimavera＊といったグロース・キャピタルが投資参入する、というようなパターンが見える。

ただし、同じベンチャーキャピタル・ファンドでも、アーリー・ステージへの投資とレーター・ステージへの案件を織り交ぜて、リスク・バランスをとろうとするものも多い。K3 Ventures＊はByteDanceにレーター・ステージで投資を行っているが、アーリー・ステージ投資も行っていると思われるので、そのようなハイブリッド型ファンド・マネジャーといえる。

ベンチャーキャピタル・ファンドが投資する案件は、どのようにしてどれくらいの投資収益を上げるのだろうか。一例として、日本で初めてのユニコーンとなったフリマアプリ「メルカリ」を運営するメルカリ＊の例を見てみよう（**図表3－4**）。

有価証券報告書の情報によると、メルカリは２０１３年２月に設立されたが、当時の発行価格は一株５００円だった。発行済株式総数は４万なので、２０００万円の手持ち資金で起業したことになる。資金を出したのは創業者たちだった。翌月にも同じ発行価格で2万株が新たに発行されたので、1000万円の資金が追加されたことになる。

設立4カ月後にベンチャーキャピタル・ファンドであるイーストベンチャーズがさっそく5000万円を出資したが、発行価格は一株500円から20倍の1万円に上がっている。また、2カ月後である設立6カ月後の2013年8月には、ベンチャーキャピタル・ファンド3社（グローバル・ブレイン、グロービス、伊藤忠テクノロジーベンチャーズ＊）が計2億2000万円出資したが、発行価格はさらに2万円に上がっている。さらに、その半年後である設立13カ月後に、14億5000万円の資金調達が行われたが、発行価格は一株9万円だった。

ここまで、最初に投資を行った創業者らの「株価」は、500円から9万円まで上がったことになる。すでにこの時点で13カ月の間に180倍にも上がったことになる。ベンチャーキャピタル・ファンドに注目すると、イーストベンチャーズにとってのメルカリの「株価」は9倍に、グローバル・ブレイン、グロービス、伊藤忠テクノロジーベンチャーズにとっての「株価」は4・5倍になっていることになる。

注目すべきは、メルカリの1年目の売上がゼロだったことだ。それどころか、2年目の売上もゼロだった。その間に、株式評価が180倍に上がった理由はなぜか。おそらく、数字に表れないメルカリの将来性の見通しを強気にさせるような材料があり、提示された株式価格に投資家が納得したのだろう。公開市場もそうであるように、株式価格は基本的に需要と供給の関係で決まる。

会社設立14カ月後の2014年4月、メルカリは一株を100株とする株式分割を行った。つまり、それまで10株を保有していた投資家は以後1000株を保有することになる。

2014年9月、メルカリは発行価格一株2200円で10億円の資金調達を行った。2200円は、1対100の株式分割前の基準では22万円という計算になる。前のラウンドが一株9万円だったので、2・4倍上がったことになる。

このラウンドに参加した3社のベンチャーキャピタルのうち、グローバル・ブレインとグロービスは、２０１３年8月のラウンドに続く参加だった。当時一株2万円の価値とされたメルカリの株式を、13カ月後に（株式分割前の基準で）一株22万円で買い増したということは、それだけメルカリの将来の成長に自信を持っていたという証だろう。

このラウンドがあった２０１５年6月期、メルカリは3期目にして初めて売上を記録している。それを受けて２０１６年3月のラウンドでは発行価格を一株1万７００円に上げて、三井物産とＤＢＪから84億円の資金調達を行っている。1万７００円は、株式分割前の基準では実に１０７万円にもなる。

２０１６年6月期には、メルカリは創業4期目にして初めて純利益を上げた。この頃になると新株予約権の行使が行われ、さらに２０１７年10月には、一株を10株とする2度目の株式分割が行われた。

２０１８年6月には、一株３０００円とするＩＰＯ公募価格が発表され、その後初値５０００円をつけて上場を果たした。2度の株式分割を経た発行価格なので、最初の株式分割前の基準からすれば公募価格一株３０００円は３００万円、初値一株５０００円は５００万円に相当する。

以前の資金調達ラウンドで投資を行った投資家は、それぞれ初値の時点で取得株式の価格がどのくらいの倍率を上げたのだろうか。それを示したのが**図表3－5**になる。

最初に投資した創業者等は1万倍、創業後4カ月後に創業時発行価格の20倍で投資を行ったイーストベンチャーズでも実に５００倍の投資倍率を初値時点で上げたことになる。グローバル・ブレインやグロービスの取得株式は、最初の株式分割前に割当を受けた分は２５０倍、その後に受けた分は22・73倍に評価増となっている。いずれも驚異的な数字といえる。

【図表３－５】　メルカリの資金調達ラウンドの調整後発行価格

| 年月 | 発行価格（円） | 調整後発行価格（円） | 初値倍率 | 主な投資家 |
|---|---|---|---|---|
| 2013/2 | 500 | 500 | 10000.00 | 創業者等 |
| 2013/3 | 500 | 500 | 10000.00 | |
| 2013/6 | 10,000 | 10,000 | 500.00 | イーストベンチャーズ |
| 2013/8 | 20,000 | 20,000 | 250.00 | グローバル・ブレイン、グロービス、伊藤忠テクノロジーベンチャーズ |
| 2014/3 | 90,000 | 90,000 | 55.56 | |
| 2014/9 | 2,200 | 220,000 | 22.73 | グローバル・ブレイン、グロービス、WiL Fund |
| 2016/3 | 10,700 | 1,070,000 | 4.67 | 三井物産、DBJ |
| 2018/3 | 2,150 | 2,150,000 | 2.33 | 日本郵政キャピタル、フォレスト・ホールディングス、ヤマト運輸 |
| 2018/6 | 3,000 | 3,000,000 | 1.67 | （公募価格） |
| 2018/6 | 5,000 | 5,000,000 | 1.00 | |

出所）有価証券報告書を基に筆者作成

ＩＰＯの3カ月前に投資を行った日本郵政キャピタル＊、フォレスト・ホールディングス＊、ヤマト運輸でも、初値時点で手持ちの株式が2・33倍に評価増となっている。

手持ちの株式の評価増イコール投資収益とは限らない。新株予約権の行使等による株式の希薄化等があるからだ。しかし、これらの株式評価増の倍率は、さほど投資収益と大差ないと思われる。ベンチャーキャピタル・ファンドを含め、ＰＥファンドの投資倍率は2倍に達すれば合格とされ、3倍を超えると超優良ファンドとされるなか、メルカリのようなホームラン案件がいかに例外的であるかがわかる。

また、メルカリの場合を見ると、どの資金調達ラウンドで投資したかによって各投資家の投資収益には大きな違いが生まれることがわかる。よくベンチャーキャピタル・ファンドが投資実績として、有名なユニコーン企業を自社ウェブサイト等で宣伝しているが、どのラウンドで、いくらの評価額で入り、いくらでエグジットできたのかの方が重要な情報だといえる。

## 4　見るべきは「ファンド単位の収益」

グロース・キャピタル、バイアウト、ベンチャーキャピタルのそれぞれの投資収益の出し方を案件単位で簡単に見てきた。が、本書の冒頭で紹介した「第二の意識革命」にあるように、あくまで投資家が最終的に注目すべきは「ファンド単位の収益」であることの念を押したい。

雪国まいたけやメルカリのような投資案件は、大成功といえる。しかし、投資家が資金を投入しているのは各投資案件ではなく、ファンド全体であり、投資収益もファンド単位で返ってくる。

たとえば、ファンド投資金額の5倍が戻ってきた投資案件でも、他の投資案件で元本割れする等して、ファンド全体の投資収益が2倍を割ることも十分あり得る。逆に、元本割れしたような投資案件があっても、他にメルカリのような案件が混じっていれば、ファンド全体の収益は上昇する。

要するに、各投資案件に一喜一憂しすぎて近視眼的になってはいけないということだ。成功案件があることはファンドにとって良いニュースであり、失敗案件があることは悪いニュースであることは確かだが、投資家は、ファンド全体の結果を見てから初めて一喜一憂すべきだろう。

ファンド運用会社も、ファンド全体の収益から成功報酬が支払われるので、立場は同じといえる。実際にそのような視点でファンドの投資案件を構築しているだろう。たとえば、最初の投資案件の成功確率は高いが驚くほどの収益を期待できないのであれば、以降の投資は少しハイリスク・ハイリターンの案件を狙おうとするだろう。また、投資先の業界を分散したり、投資収益を上げるシナリオを案件によって変えることもする。つまり、ファンド・マネジャーはポートフォリオ全体で収益を得ることを意識する。投資家もそれを忘れてはならない。

## 5　ＰＥ運用会社の多様化

このように、ひとえにＰＥファンドといっても多種多様であり、投資収益の出し方が大きく異なる。投資家はみずからのリスク耐性やポートフォリオ設計と相談しながら、ＰＥファンドを組み入れていく必要がある。

さて、このような多才な顔ぶれのＰＥファンドを運用するＰＥ運用会社の多様化を指摘しておきたい。

かつてＰＥ運用会社は、1社で1種類のファンドを運用する、という形が主流だった。それらの会社はたいてい、限られた人数の幹部社員で株式を持ち合うパートナー制を敷いている。現在でも、ＰＥ運用会社、ＰＥファームの大半はこのようなブティックの形態をとる。この場合、人件費以外の運転資金はさほどかからない。大規模な設備投資の必要もない。デューデリジェンス費用は、ファンドからキャピタルコールできるように契約で設定されている。つまり、初期の運用会社に大きな資本金は不要であり、ファンドから得られる管理報酬でほとんどの販管費をカバーできる。

また、ＰＥ運用会社は、最初から巨大なファンドを集め、大人数で始業できるわけではない。集めたファンド資金から入る管理報酬に応じて相応の規模の投資チームを組成し、ファンドの本数を重ねるたびに人員数を拡大していく。投資チームの人員が少人数の方がファンド報酬（管理、成功とも）の1人当たりの取り分が大きく、たくさんの人数をかけるほど取り分が小さくなる。

以上のような理由から、ＰＥ運用会社はまず小規模で始められる。あのバイアウトの巨人ＫＫＲも、投資銀行であるベアスターンズ（後にリーマンショック直前に倒産することになる）を退社した3名が中心になって創業した会社だった。

ところが、ＰＥファンドの規模が拡大し、戦略が多様化するにつれ、運用会社が複数の種類のＰＥファンドを募集運用したり、同じ種類でも別々の地域で募集運用するケースが出てきた。また、ヘッジファンドや伝統資産を運用する資産運用会社や金融機関が、抱え込む顧客に対してＰＥファンドを募集運用するパターンも出てきた。さらには、これらの運用会社が他社を買収し、複数のＰＥファンドを運用するケースも増えてきた。

コロナ禍にあった２０２１年でも、こういったＰＥ運用会社の多様化や合従連衡を象徴するニュースが散見された。

３月には、ブラックロック＊が30億ドルの1号ＰＥセカンダリー・ファンドの募集を完了したことが報じられた。ブラックロックといえば、９・５兆ドルの運用資産を誇る世界最大の資産運用会社だが、もともとはＰＥとは無縁の債券運用に特化していた。

７月には、ナスダックに上場しているＰＥ運用会社ステップストーン＊が、ベンチャーキャピタルのグリーンスプリング＊を７億２５００万ドルで買収するという発表が行われ、９月には、買収実行が発表された。11月には、世界最大規模のＰＥセカンダリー・ファンド運用会社である米レキシントンが、投資信託を中心に運用する米フランクリン・テンプルトン＊に17億５０００万ドルで買収されるというニュースが飛び交った。

小規模からスタートするＰＥ運用会社が、大規模な運用会社や金融機関に買収される背景の１つとしては、株式を保有する比較的少人数の幹部社員が、手持ちの株式を売却してみずから興した事業からエグジットするという意味合いがある。ＰＥ運用会社の運用資産規模が巨大化すればするほど、その企業体としての評価額も増大し、株式の買い手が限られてくるというわけだろう。

**図表３－６**は、過去５年の募集額から見たＰＥ運用会社の上位10社を示している。Private Equity Internationalからの出典だが、ここからいくつか考察を引き出したい。

【図表３－６】　過去５年の募集額から見たPE運用会社

| | | 十億ドル |
|---|---|---|
| 1 | KKR | 127 |
| 2 | ブラックストーン・グループ | 82 |
| 3 | EQT | 57 |
| 4 | CVCキャピタル・パートナーズ | 55 |
| 5 | トーマ・ブラボー | 50 |
| 6 | カーライル・グループ | 48 |
| 7 | ジェネラル・アトランティック | 45 |
| 8 | クリアレイク・キャピタル・グループ | 42 |
| 9 | ヘルマン＆フリードマン | 41 |
| 10 | インサイト・パートナーズ | 40 |

出所）Private Equity International（2022年）

１点目は、上位10社のうち、４位のＣＶＣ以外すべてが発祥も本拠地もアメリカにあることだ。

２点目は、ほとんどの場合、旗艦ファンドがバイアウト・ファンドかグロース・キャピタルであるということだ。セコイアやクライナー・パーキンスといった、超一流のベンチャーキャピタル・ファームが10位のインサイト・パートナーズしかランクインしていないのは、スタートアップへの少額の投資を行い、そこから積み上げていくスタイルを得意としているため、ファンドを大型化すれば１件当たりの投資額が大きくなってしまい、守備範囲から外れてしまう。

３点目は、セカンダリー・ファンドやファンド・オブ・ファンズのような、他のＰＥファンドの持ち分を含んでいる運用資産額ではないと思われることだ。あくまでこのリストは、企業体が直接発行する株式や負債を保有するＰＥファンドの運用額を比較しているようだ。たとえば、ステップストーンは、１２１０億ドルの運用資産を誇るが、他のＰＥファンドへのＬＰ出資やセカンダリー・ファンドの運用を行っているためか、この表にはランクインしていない。

## 6　ファンドは大きければ大きいほどいいわけではない

このように、ＰＥファンドの大規模化が進んできた背景の１つに、供給側（ファンド側）の事情が考えられる。

つまり、機関投資家の規模そのものが大型化し、ＰＥへの総投資額が増大するに伴って、その受け皿となっているＰＥファンド側の規模も大型化しているというわけだ。

ＰＥ投資の世界に参入する機関投資家の数や規模が単純に増え、地域が広がったこともある。20大ＰＥ投資家の**図表１－１**を見ても、北米のほか、シンガポール、アブダビ、香港、韓国、オーストラリアといった、アジア太平洋勢が含まれていることが目を引く。かつて、ＰＥファンド投資家といえば、アメリカ、欧州勢が中心だった。アジア太平洋勢の投資家がここまで増えてきたのは、最近10～20年の傾向だといえる。日本でも、超大口投資家のゆうちょ銀行やＧＰＩＦがＰＥ投資を開始したのは、ここ5年ほどであり、比較的最近のことだといえるだろう。

最大手の運用会社であるブラックストーンやＫＫＲ等が次号ファンドの規模を決める時、こういった超大口投資家の規模に見合った設定が可能となる。逆に超大口投資家側からすれば、彼らの規模に見合ったＰＥファンドの数はさほど多くないということになる。裏を返せば、超大口投資家以外の投資家は、いたずらに大きな規模のファンドばかり注目する必要がないことを意味する。確かに、超大口投資家の受け皿になるといって、誰でも大きなファンドサイズを設定できるわけでもなく、より小さな規模のファンドで高いパフォーマンスを上げていなければ、そもそも大きなファンドサイズを設定することはできない。過去に高いリターンを上げてきたＰＥファームだからこそ、その実績を引っ提げて超大口投資家に見合ったサイズを設定できる。また、ファンドを大型化するにしても、成功する自信がなければ、実際に大型化には踏み切らないだろう。

だからといって、一口5～10億円、またはそれ以下の資金をＰＥファンドに投資する規模の投資家からすれば、必ずしもファンドの大きさイコール成功確度の高さを意味するわけではない。単純に、１００億円規模のファンドを２００億円の資産価値に上げる方が、１兆円規模のファンドを2兆円の資産価値に上げるよりも容易だと感じられないだろうか。ファンドの規模が大きくなればなるほど、投資資金を多く使わないといけない。そのためには、よりたくさんの数の企業に投資するか、より大規模の企業に投資しなければならない。そこに難しさが生じる。

小型ファンドに弱点がないわけではない。たとえば、投資先企業の規模が小さければ小さいほど、一般的に業績、経営基盤、競争力は脆弱になり、投資後の関与も難しくなる。帳簿の信頼性や事業の安定性の面からも、投資対象としての中小企業には事業リスクが伴う。また、ＰＥ投資経験の浅いメンバーが始めた小型ファンドだと、運用者の経験不足という懸念も生じる。たとえ個々の運用メンバーが経験者だとしても、新会社ということになれば、ＰＥ運用会社の経営能力やチームとしての安定性という面に不安が残る。

一方で、大型化するファンドには、それまでスイートスポットだったファンドサイズから未知の規模への挑戦という不安が生じる。たとえば、５００億円の規模のファンドで好成績を上げたＰＥファームがあるとしよう。次号ファンドが２０００億円になると、１つは投資先企業の規模を大きくする対応法が考えられる。そうなると、５００億円規模のファンドの投資先とは勝手が違う。また、投資先企業の規模をそのままにして、投資する企業数を増やす対応法も考えられる。そうなると、今度はチームの人数を増やす必要がある。つまり、新たな人材の質やＰＥファーム内のマネジメントの力が問われる。これらの新要素により、以前のサイズのファンドと同一条件ともいえず、必ずしも大型化したファンドが成功するとは限らないため、投資家は以前の投資実績を鵜呑みにはできないということが重要だといえる。

大型化したＰＥファームのなかには、「以前のように中小型投資案件を手掛けるのが好きだし、得意だから」という理由で、スピンアウトするチームが後を絶たない。５００億円規模のファンドで好成績を上げたが、次号ファンドが２０００億円になれば、投資先規模も大型化してしまう。それを嫌って、４、５人で新会社を立ち上げ、自分たちだけで５００億円のファンドを立ち上げる、ということだ。ＰＥファームが大型化すれば、一人ひとりの役割が限定的になってしまうのを嫌う投資プロフェッショナルも多い。現実に、**図表３－７**のように、ＰＥファンド

【図表３－７】　アセットクラス別ファンド数の推移

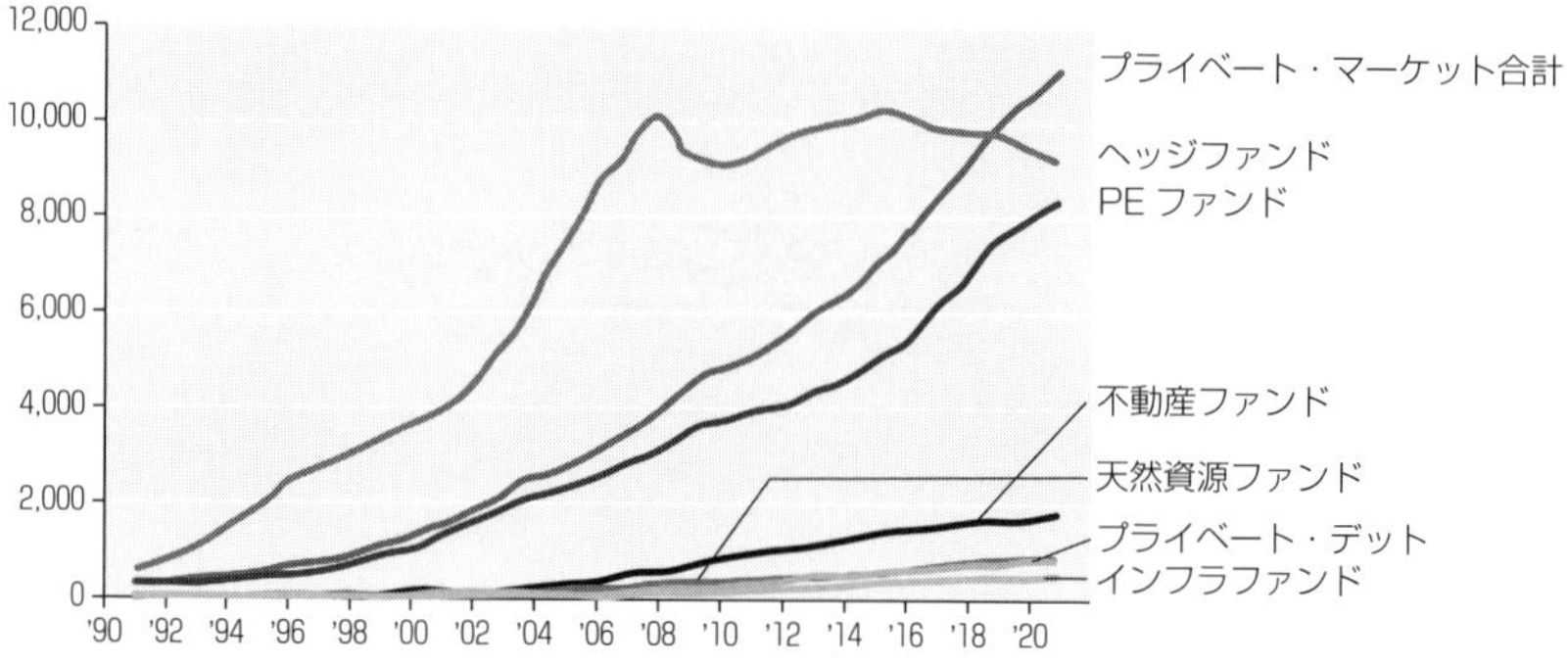


出所）McKinsey2020年

の運用会社の数は増加している。

ＰＥファームの大規模化の逆の動きとして、かつてベアスターンズからＫＫＲの創業者たちが独立したようなスピンアウトは、絶えずＰＥファンドの世界では繰り返されていると見ていい。このようなＰＥファームをスピンアウト・ファームと呼ぶこともある。実は投資家にとって、スピンアウト・ファームのファンドは好投資先と考えられている。実績・経験のある人たちが運用するうえ、ファンドの大型化リスクをとらずに済むからだろう。

ただし、ブラックストーンやカーライル、ＫＫＲのような超大手ＰＥファームが大型化に伴って実績を上げてこられなかったわけではない。立派な数字を上げてきたからこそ投資家がついてきたわけだし、運用資産が大型化したからこそ、人件費を増やし、優秀な人材を獲得できた、という側面もある。

要は、ファンドが大きいから、またはＰＥファームが大きいからという安心感だけで、ファンドの選定はできない、ということだ。

【注釈】

●スピンアウト

一般的に、大きな組織から複数のスタッフや社員が出て、新しい組織をつくって心機一転出直すこと。以前と同じ事業を継続して行うケースが多い。形態としては、単純に組織を辞めて別の新組織をつくるものもあれば、事業を自分たちで買い取るものや、旧組織で運用していたファンドを新組織に引き継ぐようなものもある。

●ＥＳＧ

環境（Environment）、社会（Society）、ガバナンス（Governance）の略で、それぞれ持続可能な社会実現のために必要なものと考えられている視点である。特に、近年企業に求められている要素であり、疎かにした場合に投資家から一定のペナルティが与えられるケースも増えている。積極的にＥＳＧへの配慮を宣伝する企業も増えている。

●ブルックフィールド

ブルックフィールド・アセット・マネジメント。19世紀にブラジルの発電会社として発足、その後、カナダのトロントを拠点とするオルタナティブ資産管理会社へと成長。インフラ・ファンドを中心に発展してきたが、近年は大手ＰＥファームのオークツリーを買収するなど、ＰＥファンド事業にも積極的に進出。

●ＥＢＩＴＤＡマルチプル法

Earnings Before Interest, Taxes, Depreciation and Amortization。企業の理論上の価値評価方法の1つ。ＥＢ

－ＴＤＡに、類似上場企業等の評価倍率を掛け合わせて算出される。ＥＢＩＴＤＡは、税引前利益に支払利息、減価償却費を加えて計算される。上場企業の場合、常に株価という企業価値を測る指標があるが、非上場企業の場合、株式が取引されておらず、評価額がついていないので、このような理論上の価値評価を算出して、それを基に売買価格の交渉が行われる。ＥＢＩＴＤＡマルチプル法は、Ｍ＆Ａの交渉において、最も一般的に使われる指標だと思われる。

●ロールアップ

同じ業種の会社を追加買収し、事業の規模拡大を図り、市場のシェアを拡大していくＭ＆Ａ戦略のこと。

●雪国まいたけ

まいたけ等のキノコ類の栽培、販売を行う企業。１９７５年に前身の会社、１９８３年に「株式会社雪国まいたけ」創業後、２０００年に東証2部に上場。その後、２０１３年に不祥事等があり業績が低迷するが、２０１５年にベイン・キャピタルによってＴＯＢが行われ、非上場化した後に再建に成功。２０２０年に東証1部に再上場を果たした。親会社は、ベイン・キャピタル保有期間中に大株主となった神明ホールディングス。

●SIG China

米国のテクノロジー関連投資・ブローカー会社Susquehanna Internationalグループ傘下にある、中国のスタートアップ企業に投資を行うベンチャーキャピタル・ファンド。２００５年以降、これまでに３５０社以上の中国企業に投資を行っている。

●Primavera

２０１０年に中国・北京で創業した、主に中国に投資を行うＰＥファンド運用会社。現在、４号ファンド募集中とされる。グロース・キャピタル投資が主軸だが、ByteDanceやアリババ傘下のアント・グループのようなスタートアップにもレートステージで投資を行っている。

●K3 Ventures

２０１５年にシンガポールで創業したベンチャーキャピタル・ファンド。投資対象は主に東南アジア。

●メルカリ

フリマアプリ「メルカリ」を運営。２０１３年に創業後、ベンチャーキャピタル・ファンド等の資金調達を受けながら急拡大し、企業価値10億ドル（約１１４０億円）を突破して日本初のユニコーン企業となった。２０１８年に東証マザーズに上場。

●伊藤忠テクノロジーベンチャーズ

大手総合商社伊藤忠の傘下にあるベンチャーキャピタル・ファンド。２０００年創業。これまでメルカリ、ユーザベース、クラウドワークス等へ投資を行った実績がある。

●日本郵政キャピタル

２０１７年に創業した、日本郵政の１００％子会社。成長企業への投資を掲げており、これまでメルカリ、スマートニュース、Sansan等への投資実績がある。

●フォレスト・ホールディングス

２００８年に創業した、主に医療関係企業の株式に投資、保有する持株会社。健康食品メーカー、有機農産物業者などへの出資も行っている。

●ブラックロック

１９８８年に米国ニューヨークで創業した資産管理会社。債券運用からスタートしたが、多角化、M&Aによって領域を広げ、徐々にPEファンドの設立運用にも進出。１９９９年ニューヨーク証券取引所に上場。同社ウェブサイトによると、運用資産は９兆ドルを超える。

●ステップストーン

２００６年に米国カリフォルニア州で創業した、PEを中心とするファンドの資産管理・運用等を行う資産管理会社。現在の本社機能はニューヨーク。同社ウェブサイトによると、運用資産は１２１０億ドル。他にPEファンド投資等に関わるコンサルティング業務も行っている。２０２０年、ナスダックに上場。

●グリーンスプリング

２０００年に米国メリーランド州で創業したベンチャーキャピタル、グロース・キャピタルのファンドを運用してきたPEファンド運用業者。創業以来独立系だったが、２０２１年にステップストーンに買収された。

●フランクリン・テンプルトン

前身を含めると1947年に米国ニューヨークで創業した、主に投資信託を扱う資産運用会社。1971年、ニューヨーク証券取引所に上場。同社ウェブサイトによると、運用資産は1.5兆ドル。伝統資産の運用が主体だが、オルタナティブ系のファンドの買収も手掛けてきた。2021年、大手PEセカンダリー・ファームのレキシントンを買収。

# 第四章　ＰＥファンドの仕組み

本章と次の第五章では、そもそもＰＥファンドが、ファンド単位でいかにして投資家の資金に収益を生み出すのかについてまとめたい。本章では基本的な仕組みの説明、そして第五章では架空の事例を使ってシミュレーションをお見せする。

読者の皆さんには、まず投資信託をイメージしていただきたい。投資信託もファンドの一種だ。英語ではmutual fundと呼ばれる。複数の公開株の売り買いを常に行い、ファンド全体の成績を上げようと努力する。成績は刻一刻とアップデートされる。投資家はその成績をにらみながら、自由に資金を出し入れする。組み入れ先の銘柄や、投資家の解約等を受けて、ファンドの純資産額は刻一刻変化していく。

ＰＥファンドの仕組みを考える時、この投資信託とどこが違うかという視点を持つとわかりやすい。結論からいえば、ＰＥファンドには以下の特徴がある。

① 限られた数の非公開株式に投資し、長期（一般的には数年間）保有し、その株式を数年後売却することで収益を上げる。
② 一度投資家から資金を集めるとファンドサイズは固定される。
③ 四半期に一度しか、純資産額の見直しが行われない。
④ 投資家は自由に資金を出し入れできない。

本章では、こういったＰＥファンド独特の仕組みを解説していきたい。

## 1　ＰＥファンドの投資家になるということ

会社に投資すれば株主になり、配当金を得たり、株主総会に招待されたり、自由に株式を売ることができる。投資信託に投資すれば、運用業者に管理報酬を払ったり、配当金は再投資の資金に組み入れられたり、資産価格を見ながら自由に買い足したり売ることができる。ＰＥファンドに投資するということは、こうした企業投資や投資信託への投資とはまったく異なる形態と考えた方がいい。不動産や金への直接投資とも違う。

ＰＥファンドへ投資すると何が起こるのか。何をしなければならないのか。

最初にやらなければならないのは、「投資額」に該当する「コミットメント額」を決めることだろう。仮に１００万円をＰＥファンドに「投資」するということは、ＰＥファンドの存続期間＊中（多くの場合10年間）、「上限累計１００万円まで要請に応じて送金する約束をする」ということを意味する。

つまり、ＰＥファンドに１００万円を「投資」するということは、ＰＥファンドの銀行口座に１００万円を送金することではない。向こう10年といった長期間にわたって１００万円を少しずつ送金する約束を交わすことを意味する。もし約束に反して送金の求めに遅延したり応じなかったらどうなるか。契約書には、その際のペナルティやどれくらいの期間ファンドが送金を待ってくれるのか等、細かい項目が規定されている。

ファンド・マネジャーからの送金の要請は、10年間にわたって少しずつ行われる。特定の年度に80万円や90万円といった送金要請が行われ、残りの9年間ほとんど送金することがない、という事態はあり得ない。なぜなら、ＰＥファンドは毎年決まった割合で管理報酬＊の支払いを、投資家に対して要請してくるからだ。管理報酬の割合はファンドサイズにもよるが、一般的に年1・5～2・5％程度と考えればいい。たとえば、１００万円の「投資」つまりコミットメントを行った投資家は、初年度から1・5～2・5万円を送金することになる。ちなみにこの投資家に対する「送金の要請」は「キャピタルコール」と呼ばれる。

少しややこしい話になるが、管理報酬を計算するうえでファンドサイズが分母となるのは、ＰＥファンドの投資期間中である前半のみとなる。10年のファンドの場合、5年となることが通常だ。投資期間が終わる6年目以降は、ファンドの純資産が分母となって管理報酬が計算される。

投資家が送金を行うのは、管理報酬を支払う場合だけではない。ＰＥファンドが投資を実行する資金が必要になった時も行われる。ただし、この投資のためのキャピタルコールは投資期間中に限られている。

このように、ＰＥファンドが投資に回すことのできる金額は、コミットメント総額（全投資家のコミットメント金額を合計したもの）から管理報酬を差し引いた金額ということになる。ちなみに、一般的に「ファンドサイズ」と呼ばれる数字は、このコミットメント総額のことを指す。

投資収益が上がり始めると、投資家には分配が行われる。早い時は、投資期間中から分配が始まる。そして、分配はファンドの存続期間中続くことになる。

存続期間が終了すると、ＰＥファンドは組織体としての役割を終え、清算される。

ＰＥファンドの資産内容、資産価値、投資成績といった報告書は通常、四半期に一度投資家に発行される。それ以外の時点では、公開株や投資信託のように、相場が動いている間、常に価格が変わるわけではないため、資産は上下しない。

それは、ＰＥファンドが投資しているのが、非上場会社といった流動性のない資産であることに起因する。上場企業であれば、相場が開いていて投資家が株式を売り買いしている限り、株価、つまり企業の評価額は常に変動する。しかし、非上場会社はそのような価格変動に晒されていない。その代わり、四半期に一度という区切りを設けて、企業業績や資産内容、周辺環境、買収提案といった尺度を使って評価額を洗い直ししている。これを毎月やることだってできるだろうが、あまり頻繁に行うと長期保有というＰＥ投資の前提から外れることになる。四半期に一度の頻度でさえ、ＰＥファンドにとっては高すぎると感じることもあるだろう。

ＰＥファンドは基本的に「売り抜けてなんぼ」だ。しかし投資家の観点から見れば、その時々の実勢や今後の期待値を、みずからの保有資産の現状把握のために知っておきたいはずだろう。

以上、ざっとＰＥファンドの投資家になるということはどういうことなのか、まとめてみた。**図表４－１**はそのプロセスを示したものだ。

以下、ＰＥファンドの基本的な特徴をあげてみる。

**【図表４－１】　PEファンド投資のプロセス**

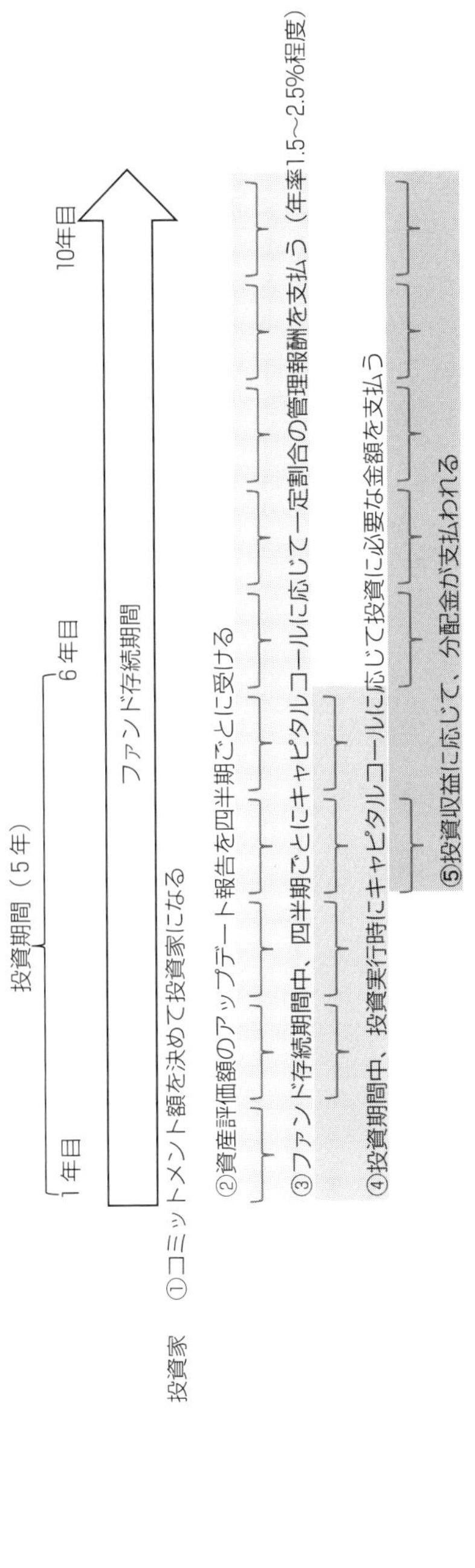
投資期間（５年）
1年目
6年目
10年目
ファンド存続期間
投資家
①コミットメント額を決めて投資家になる
②資産評価額のアップデート報告を四半期ごとに受ける
③ファンド存続期間中、四半期ごとにキャピタルコールに応じて一定割合の管理報酬を支払う（年率1.5～2.5％程度）
④投資期間中、投資実行時にキャピタルコールに応じて投資に必要な金額を支払う
⑤投資収益に応じて、分配金が支払われる

出所）筆者作成

## 2　特徴その①　基本的には株の売り買い

PEファンドはそもそも何をしているのか。もっといえばどんな投資をしているのか。

エンターテインメントでは、PEファンドの運用者はたいがい悪役となっている。ドラマ化、映画化もされた『ハゲタカ』シリーズでは、銀行員時代に不良債権先を無慈悲に貸しはがししたことによるトラウマを抱える主人公が、投資先企業に対して容赦ない態度に出るシーンばかりが強調される。また、ハリウッド映画『ソーシャル・ネットワーク』では、フェイスブックの創業者2人がシリコンバレーのベンチャーキャピタリストを訪問し、事業計画を説明するもののほとんど相手にされないシーンが映る。いずれのPEファンド・マネジャーも、容赦ない、人を人と思わないかのような我利我利亡者として描かれる。

しかし、実際のPEファンド・マネジャーの仕事は、表面的にどう見えるかは別にして、複数の「株を買って株を売る」ことによってファンド全体で収益を出すことが基本となる。

株を買って株を売るのであれば、投資信託と一緒だ。公開株の売り買いを行う投資信託のファンド・マネジャーが『ハゲタカ』や『ソーシャル・ネットワーク』のような描かれ方をすることはない一方で、PEファンドのマネジャーの描写が冷酷であることは矛盾している。

矛盾しているだけでなく、投資信託とPEファンドの本質の理解不足を露呈している。投資信託が扱う株式は、公開株式だ。つまり、その企業の情報は相当程度公になっているうえ、公開市場に耐えうる透明性が担保されている。公開情報もある程度信頼できる。しかも、投資信託は通常、対象企業の大株主になるわけではないので比較的身が軽く、株式の売り買いの自由度は大きい。

対して、ＰＥファンドの扱う株式は非公開株式だ。その企業に関して入手できる情報の信頼性は、公開企業よりも低い。よって、ＰＥファンドは投資信託よりも踏み込んで、デューデリジェンスといわれるその対象企業の精査を行う。守秘義務契約を結び、根掘り葉掘り調べる。しかもＰＥファンドは大株主になるので、株式の売り買いのインパクトが大きい。よって、投資の可否を決める際には慎重になるし、保有後いざ株式を売る時には、投資先企業との間に軋轢が生じる可能性もなくはない。

このような理由から、ＰＥファンドの一挙手一投足はどうしても目立つし、対象企業によってマイナスの決断を行うことがあれば、冷酷と映ってしまうのだろう。たとえば、「出資してもらえると思っていたのに、出資してくれなかった」際のインパクトは、投資信託と比べてＰＥファンドの方が飛躍的に大きい。「売却されないと思っていたのに、予想外のタイミングで売却された」インパクトも同様に大きいだろう。投資先企業とＰＥファンドは通常、一心同体だが、他のどんなビジネスや商取引もそうであるように、投資先企業の意に反する行動をＰＥファンドがとることもあろう。

世に出ているＰＥファンドに対する冷酷なイメージはそこから来ていると考える。しかし、株式を買って、そして売ることで収益を上げるという大原則は、投資信託もＰＥファンドも変わらない。投資信託と同様、ＰＥファンドが株式の購入や売却を決断する理由には、それなりの理由があるのだ。

さらに、ＰＥファンドに対するこれらのマイナスのイメージは、ほとんどの場合、投資先企業や投資の検討を受けた企業から出ている。しかし何事もそうであるように、相手（この場合はＰＥファンド）の言い分を聞かなければ事の本質は見えてこない。ＰＥファンドが悪く言われるケースでも、もしＰＥファンドに発言の自由があれば、納得感のある説明が聞けるはずだろう。

その点をしっかりと押さえておく必要がある。

## 3 特徴その② 長期保有

ＰＥファンドは投資信託と同様、株式を買う。そして売ることではじめて収益を上げる。しかし、投資信託が公開株を売って買うのに対し、ＰＥファンドは非公開株を扱うのが基本となる。それはさまざまなことを意味する。

まず、非公開株は公開株と違い、株価がつかない。いや、正確にいうと、株式市場で取引されることにより、株価が刻一刻と変化するわけではないため、株式の取引価格が公開市場で決められない。そこがポイントだ。

実は、ＰＥファンドにはＰＩＰＥＳ＊といった公開株を売買する方法や、保有期間中に公開化するものや、公開株にＴＯＢ＊をかけるものや、デットやインフラに投資するものもある。ベンチャーキャピタルは、投資先企業が新規公開してからも、しばらくの間その株式を保有する。つまり、ＰＥファンドも例外的に公開市場へのエクスポージャーを持つこともある。

しかし、ＰＥファンドはあくまでも非公開株を買って売るのが基本だ。そもそも、ＰＥ、つまりプライベート・エクイティとは、「非公開な」（プライベート）「株式」（エクイティ）という意味だ。

ＰＥファンドは、株価がついていない企業の株式を、売り手と買い手で合意したある特定の価格でまず買う。価格の決め方にはノウハウや基準があるが、買い手のＰＥファンドは、何年後いくらで売れるかという目途をある程度たててから価格を決める。そのためには、投資対象企業の事業内容、組織体制、沿革、定款、収益動向、資産内容、キャッシュフロー、経営陣、業界動向、競合企業の状況等を徹底的に精査（デューデリジェンス＊）し、把握することが必要となる。それをふまえたうえで価格を提示し、最終的には売り手との交渉で決まる。または、売却を希望する当該会社（正確にはその株主）や、その代理人や仲介業者が希望売却価格をＰＥファンドに提示するケースも多い。

投資と書いたが、ＰＥファンドのうち、バイアウト・ファンドは、対象企業への投資に留まらず、「買収」にまで踏み込むことが通常だ。

株式への投資と企業の買収はどう違うのか。その違いは、購入する株式の割合と、新たな株主がどこまで経営に踏み込むかの度合いにある。一般的には、企業買収とは過半数50％を超す株式を取得するケースを指す。これは一般論に過ぎず、買収に法的な定義が存在するわけではないが、過半数の株式があれば、究極的には多数決で経営に関する意思決定ができる。特別決議が必要な議案を否決できる33・４％の株式を取得した場合でも、買収と呼ばれるケースもある。また、複数の投資家やＰＥファンドがコンソーシアムを形成し、共同で過半数の株式を取得した場合を買収と呼ぶケースもある。さらに、企業の特定の事業や部門、重要な資産（不動産やライセンスなど）が取得の対象である場合でも買収と呼ばれることもある。

バイアウト・ファンドと違い、ベンチャーキャピタルが投資対象企業の過半数の株式を取得することはない。スタートアップ企業が株式を発行した場合、シードラウンドやAラウンドで1～2社のベンチャーキャピタルが投資を行い、その後資金調達ラウンドを重ねるごとに新たなベンチャーキャピタルが株主として加わり、既存株主のベンチャーキャピタルが手持ち株式を増やしていく。よって、ベンチャーキャピタルの投資を買収と呼ぶことはない。それでも、ベンチャーキャピタルが投資先企業の大株主であることには変わりはない。ましてや、ＩＰＯを果たすような企業には複数のベンチャーキャピタルが投資することが通常だろう。合計すれば相当な保有比率となるので、株価に影響が出ないように、ＩＰＯ後ベンチャーキャピタルにはロックアップ等を通して売却制限が設けられている。

話を戻そう。企業に投資を行い、過半数であれ少数であれ株式を買ったＰＥファンドは、一定期間その株式を保有した後、売却する。その保有期間＊内に、ＰＥファンドは投資先企業に対して色々な働きかけを行う。その働きかけには、濃淡がある。たとえば、バイアウト・ファンドのように、50％以上の株式を基本的に保有して、経営に深く関与する場合もあれば、ベンチャーキャピタルのように少数株主となって、ＩＰＯに向けてともに歩む場合もある。

バイアウト・ファンドの経営関与といっても、投資先経営陣との距離感や手法はケースバイケースといっていい。コーポレート・ガバナンスが効いている米、英、スカンジナビア、豪といったアングロサクソン系のコーポレートカルチャーの強い国では、一般的にＰＥファンドが経営に関与しやすい傾向がある。日本のような国では、まずは経営陣との人間関係、信頼関係を構築しなければ、いくら過半数の株主でもスムースな経営関与は難しい。また、ＰＥファンドの持っているノウハウによって、関与できる能力に違いが出る。

さらに、そもそもその企業を買った価格の高低によって、関与の方法に違いが出てくる。純資産に比して高く買った場合、売却価格をその分上げる必要がでてくるので、投資後の関与度が高くなる。その逆も然りとなる。

ＰＥファンドはあくまでファンド単位で収益をもたらすので、ポートフォリオの構築の仕方も重要となる。そもそも、ファンドが分散投資を図ること自体、裏を返せば各企業への投資リスクを認識していることを意味する。失敗する投資もあれば成功する投資もある。損失を被る投資もあれば、想定より大きな収益を上げる投資もある。うまくいきつつあった投資でも、コロナ禍のような想定外の外部要因でとん挫してしまうこともある。

三振かホームランという投資もある。逆に、いずれの投資も安全パイというアベレージヒッターを揃える選択肢もある。ファンド投資期間の初期で確実に収益を上げることができれば、最後の方はリスクの高い投資をしてもいい。以上のような理由でファンドは複数の会社に投資する。

投資信託や年金基金がトヨタ自動車の株を売ることで、投資家は非難するだろうか。しないだろう。関心を向けるのはあくまで自分の投資している投資信託や年金基金（つまりファンド全体）の運用成績だろう。トヨタ自動車の立場からすれば、その投資信託に株を売られたことで影響がないわけではないのにもかかわらず、だ。この構図をＰＥファンドに置き換えても、基本的には同じとなる。つまるところ、ＰＥファンドの投資家が基本的に関心を持つのは、ファンド単位でいくら収益を上げたか、だといえる。

## 4　特徴その③　ＰＥファンドの構造と投資家

少し専門的になるが、ここで少しＰＥファンドの構造の話をしよう。

多くのＰＥファンドは、投資事業有限責任組合（Limited Partnership＝ＬＰＳ）＊に代表される組合の形をとる。さらに、ＬＰＳは、有限責任組合員（Limited Partner＝ＬＰ）＊と無限責任組合員（General Partner＝ＧＰ）＊から成る。このうち、ＬＰが基本的にＰＥファンドの「投資家」、ＧＰが基本的に「ＰＥファンド・マネジャー」と考えればよい。正確にいえば、ファンド運用会社は日本であれどの国であれ、登記されている法人であるため、ＧＰとイコールではない場合も多い。しかし、法人であるファンド運用会社とＧＰが連帯した形でファンドを運用する主体として「ファンド・マネジャー」という総称を本書では用いている。

ＰＥファンドのなかには、日本で登記された組合（オンショア）と、外国で登記された組合（オフショア）の複数の組合によって成り立っているものもある。また、外国でも、ＬＰ投資家の事情を汲んで複数の外国籍の組合が含まれているものもある。さらに、組合以外の信託等の形態をとっているファンドのビークルが含まれるものもある。

細かい構造上の話は置いておいて、ここで重要なのは、ＰＥファンドの投資家であるＬＰが、「有限責任」を負うことに留まっているということだろう。組合の中においては、ＬＰもＧＰもその構成員となる。しかし、ＧＰは組合運営の全責任を無限に負うのに対し、ＬＰはその責任が出資した金額のみに限定される点が異なる。こういった、ＬＰＳの基本的な責任範囲は、ファンドごとの契約で細かく定められている。

なぜ、組合の形態が採用されることが多いかというと、投資収益がＧＰに分配される場合、税務上のメリットがあることが大きい。組合は法人格を持たない。日本の場合、ＬＰＳのステータスは法律によって定められている。もし、組合ではなく法人をファンドとして設定すると、そのファンドは投資収益を売上として計上し、法人税を支払い、株主に対して分配を行い、株主は受けた分配額に対して税金を支払う。しかし、ＬＰＳを使った場合、課税前に組合員に対する分配が可能となり、課税は一度しか行われない。こういった課税の方法をパススルーという。

堅苦しく書くと以上のようになるが、要はＰＥファンドの投資家になるということは、課税前に分配が行われるＬＰになるということなのだ。

投資家がＰＥファンドへの出資を決めると、まず組合契約を組合と結び、ＬＰとなる。契約書にはＬＰとしての権利や義務、ＧＰへの利益配分の方法といった細かい規程が書き込まれている。日本には、経済産業省が定めているＬＰＳの「モデル契約書」といったものが存在する。ホームページで誰でも見ることができるようになっている(https://www.meti.go.jp/policy/economy/keiei_innovation/sangyokinyu/lps_model2211.pdf)。国がこういった民間の契約書のひな形をつくって公開しているケースは稀だと思われるが、各国のＬＰＳでも、ある程度デファクト・スタンダード化しているような一定の契約形態はあるにはある。

さらに、日本のＬＰＳのモデル契約であれ、各国のＬＰＳでよく使われる契約形態であれ、投資家がＰＥファンドに通常期待し、なじみのある基本的構造や決まり事は、ある程度共有されている。要するに、ＰＥファンドの共通言語というものが存在するといえる。逆に、もし共通言語から逸脱した特殊な契約形態や、そもそもＬＰやＧＰ

といった概念すらない組合契約をつくろうとしてしまえば、投資家がなじみのないものとして抵抗感を示すだろう。

本書で書かれているようなＰＥファンドの基本的仕組みは、何も国際法や国内法で規定されているものではない。投資家が投資検討しやすい、デファクト・スタンダードとして認識されているものにすぎない。

## 5　特徴その④　固定化されるファンドサイズ

さて、そのようにデファクト・スタンダードとして認識されているＰＥファンドの1つの大きな特徴として、ファンドサイズが固定化しているという点があげられる。

投資信託は、投資先銘柄のパフォーマンスと投資家の購入や解約状況を反映し、常に純資産が増減しているが、ＰＥファンドの仕組みはこれと大きく異なる。

ＰＥファンドの投資先企業のパフォーマンスによって、純資産が増減する点は投資信託と同じだ。投資信託の投資先銘柄の株価が公開市場で取引され、刻一刻と変化するのに対し、ＰＥファンドが四半期に一度しか値洗いされない点は大きく異なるが、変わるペースは別にして変わることには間違いない。

違う点は、投資信託では投資家が自由に資金を出し入れできるのに対し、ＰＥファンドでは投資家の顔ぶれとファンドサイズをあらかじめ募集時に固定化する点だろう。これはＰＥファンドの最大の特徴の1つだろう。その仕組みは、クローズド・ファンドやクローズド・エンド・ファンドともいわれる。

たとえば、１００億円のＰＥファンドを募集したとする。それは、あらかじめ決められたファンドの募集期間（通常1年間が目安）に１００億円を投資家から集め、その資金をあらかじめ決められたファンド存続期間（通常10年間が目安）で投資収益を上げるということを意味する。ＰＥファンドのマネジャーは、１００億円なら

100億円の資金をどのように分散投資していくかをイメージしながら投資を進めていく。その投資可能金額は基本的には増減しない。投資信託のように、ファンドの成績が良ければどんどん投資家が増え、ファンドの規模拡大化が進むという事態にはならない。PEファンドの存続期間中、投資先企業の業績が改善したり悪化するにつれ、ファンドの純資産は増減することになる。しかし、あくまで元本となるファンドサイズは変わらないので、ピーター・リンチ時代のマゼランファンド*のように13年間で純資産が700倍に増えるなどということは起こらない。100億円のPEファンドであれば、最終的に10年間でグロス2倍程度になって返ってくれば高パフォーマンスの部類に入るだろう。

こう書くとまるでPEファンドのパフォーマンスが投資信託に比べて魅力が薄いように見えるかもしれない。が、両者はリスクも性質もかなり異なるファンドであり、単純にパフォーマンスを比較できるものではない。

まず、投資家は投資信託からいつでも資金を引き出せるという点が違う。一見、それは利便性を意味するように感じられるかもしれないが、公開株の売買がそうであるように、自分のパフォーマンスの見方に他の投資家が同意するとは限らず、自分が持っておくべきと考えていても、他の投資家がどんどん売って、純資産額が減ってしまうなんてこともあるということだ。逆にいえば、パフォーマンスがうまくいけば参入する投資家が増え、純資産額は加速度的に増えていく可能性も出てくる。

また、投資信託はマクロ・トレンドの影響を受けやすい。たとえば、地域紛争の勃発や政権交代、コロナ禍のようなパンデミックやリーマンショックのような世界規模の金融危機、利上げや利下げ、バブル景気の発生や崩壊などは、投資家の心理状態を変え、投資先企業に何のイベントがなくても、株価に直接影響する。要するに、投資信託は投資先企業の株価だけではなく、投資家のビヘイビアも、いい意味でも悪い意味でも公開株式市場の特性を内包するということだろう。

それに対してＰＥファンドは、投資家が何を考えようが、どのような売り衝動を覚えようが、ファンドサイズが一定になるように設計されている。ＰＥファンドの投資家は「10年待つから頼んだよ」という姿勢で投資するといえる。

ＰＥファンドのファンドサイズが固定化されるといっても、その存続期間中、純資産は増減する。たとえば、四半期ごとにＰＥファンドのマネジャーは、投資家から管理報酬を徴収するので、そのたびに純資産は若干減っていく。また、ＰＥファンドが投資を開始し、投資先企業の評価が四半期ごとに増減していくと、純資産も当然増減する。ＰＥファンドが投資先企業を売却して投資収益が発生すると、投資家に分配が行われ、純資産は減少する。

しかし、投資信託と違い、各投資家の投資持ち分は存続期間中変わらない。投資信託であれば、投資家は好きな時に売ったり買ったりできる。その結果、好成績の投資信託はどんどん純資産を増やし、そうでない投資信託は純資産を減らしてしまう。ＰＥファンドはそのような原理が働かない。基本的に存続期間をまるまる使って答えを出すのが仕事だといえる。

## 6　特徴その⑤　キャピタルコール方式

もう1つＰＥファンドには投資信託と大きく異なる点がある。それは、たとえば１００億円のファンドサイズが、実際に１００億円の現金を即運用できる状態にあるわけではなく、投資家との約定によって、「１００億円まで資金を集める約束をしているという状態」にあるということだ。

たとえば、１００億円を募集しているＰＥファンドに10億円の投資を決めた生命保険会社Ａがあったとする。その生保は、10億円の現金をファンド・マネジャーの口座に送金するのではなく、10億円までの投資を行う約束をマネジャーと交わす。つまり、10億円のコミットメント（約定）を行う。そして投資家は、マネジャーがファンドから投資を行う時や管理報酬が必要な時だけ、マネジャーからの要請を受けて送金を行う。これをキャピタルコール方式という。

要請を受けて送金する額は、全体のファンド総額比、他の投資家の約定金額比で按分される。たとえば、１００億円のファンドが10億円の投資を行うとする。ファンド・マネジャーは、全投資家から、ファンドサイズつまり約定金額の10分の1のキャピタルコールを行う。これを受けた約定金額10億円の生命保険会社Ａは、その10分の1である1億円を送金する。ファンドの存続期間はだいたい10年なので、投資家は基本的に10年間、コミットメント金額に達するまでキャピタルコールを受け続ける。10億円の投資を決めた生命保険会社Ａのように、向こう10年間にわたってキャピタルコールに耐えうるような体力のある投資家のみが、基本的にＰＥファンドに投資できる。

ファンドに出資を決める投資家が、投資収益をどうやって見ているのか。たとえば、10億円を一気に出資して、10年後に20億円戻ってくる、という成績が想定されるのであれば、投資収益は10年間で2倍ということになる。しかし、ＰＥファンドのリターンの計算はそう簡単にはいかない。

ファンド募集時、ＰＥファンドのマネジャーは、ターゲットとする収益を掲げる。たとえば、グロスで投資資金の2倍、といった具合だ。10年間で2倍という数字は、単純計算すれば1年当たり20％の利率ということになる。１００億円投資すれば1年目に20億円、2年目に累積40億円、5年目に累積１００億円、そして10年目に累積２００億円、という大雑把な計算になる。しかし、事はそう単純ではない。まず、ＰＥファンド・マネジャーに支払う管理報酬と成功報酬が差し引かれる。前にあげた数字はあくまでグロスの数字で、ネットの数字はもう少し低くなる。つまり、各投資案件で平均2倍の投資収益を上げたとしても、投資家の手元には払込金額の2倍、年率20％を若干下回る収益が入ってくる。

次に、収益が入ってくるタイミングの問題がある。先にあげたように、1年目に20億円、2年目に累積40億円、というように均等に収益が上がることはあり得ない。たいていはファンド募集が終わってから数年間は投資にばかり資金が使われ、最初の収益が上がるまで数年かかる。下手すれば10年目近くなってようやく元本回収し、その後バタバタと収益が上がるファンドもある。

当然、早めに投資収益が上がると投資家の手元には早く資金が返ってきて、その資金を別の用途に使うことができる。そこでＩＲＲという指標がある。ＰＥファンドの成績は、基本的に「最終的に投資収益が投資資金の何倍になったか」という投資倍率とＩＲＲ（内部収益率）＊とで判断される。

投資家目線で言えば、「10年間でＩＲＲがいくら、投資倍率がいくら」という投資になる。グロスでＩＲＲが20％という投資は大変魅力的だろう。しかし、10年間その資金は使えない。つまり基本的に流動性がないため、10年間資金を寝かすことができる余裕が必要となる。しかし、たとえ生命保険会社のような大手の機関投資家であっても、10年の間に何が起こるかわからない。10年の間には合併や予期せぬ景気や業績の悪化、最悪の場合にはみずからの倒産だって起こり得る。実際、機関投資家とされる銀行、信託銀行、生損保の業界ではそのような合従連衡が頻繁に起こっている。年金基金でも、代行返上といった再編が訪れた。

そこで、ＰＥファンドは、投資家がキャピタルコールに応えられなくなった場合のペナルティを、細かく契約書で決めている。そもそも、ＰＥファンドに投資を行うことのできる投資家は、その体力や資金力を証明するさまざまな条件を満たしていなければならない。それでもキャピタルコールに応えられない状況になった場合、投資家は後の詳述するセカンダリー市場を通して、手持ち資産の売却を行い、残りのキャピタルコールに応じることのできる投資家を探さなければならない。

一方、キャピタルコール方式に耐えられそうにない小口の投資家には、ＰＥファンドが一括送金を求める場合もある。10～１００万円規模の投資家に対して、キャピタルコールごとに必要送金額を按分していては、アドミコストがかかりすぎるという理由がある。

## 7　特徴その⑥　ＰＥファンドの投資期間、そして収益をチェックする方法

ＰＥファンドの存続期間はたいてい10年間と理解すればいいが、実はそのうち投資できる期間も規定されており、たいてい前半5年間となっている。つまり、１００億円のファンドであれば、最初の5年間に１００億円（正確にはそこから管理報酬を差し引いた額）を投資資金に回す。それ以降は投資ができない。残り5年間は回収に専念することになる。ただし、投資期間中の最初の5年間に投資が一部回収されることも多々ある。

投資先の企業の評価額はどう決まるか。もちろん、投資してすぐ上場でもすれば株価がつくのだが、そういうケースは稀だ。ＰＥファンドの世界では、まず、投資後1年間は投資原価で据え置く。これは、ＰＥファンドの「投資先企業の価値を向上させる」という役割上、投資直後の評価額のブレをファンドの資産額に反映させることを避ける狙いがある。投資後2年目以降は、仮の評価額を試算して投資家に報告し、ファンドの純資産とする。これにはＥＢＩＴＤＡマルチプル法、ＤＣＦ法＊、ベンチャー企業なら前の資金調達ラウンドの評価額等が利用される。投資がうまくいっていなければ、１・０倍を下回ることもある。ただし、日本の有限責任組合では非公開企業の評価増はできない。

売り抜けた投資先企業は、はっきりと投資収益が出るのでわかりやすいが、このように保有中のものは評価額を投資家がどう見るか注意が必要となる。たとえば、２０２１年に募集を終えたＰＥファンドの評価額は、あまり高くないはずだろう。なぜなら、投資がほとんど進んでいないであろううえに、投資後1年間は評価額が据え置きと

なっているからだ。

また、最初の投資がうまくいかなかったファンドは、当分の間ファンド全体の成績の見栄えが悪い。というのは、最近の投資になればなるほど、評価額が1・0に近い可能性が高いからだ。逆に、最初の投資がライトアップすると、当分の間ファンド全体の成績は良く見える。だからといって、最終的な収益がそのまま いいとは限らない。

ＰＥファンドの資産評価の見直しとその発表は、通常、四半期に1度しか行われない。そのうち、多くのファンドが年に1度しか監査済みの評価額を出さない。投資先企業の決算は1年に1度計算されるはずだし、多くの企業は毎月の決算を出しているはずだが、四半期に1度というのは、これも投資家とＰＥファンド・マネジャーとの間で通常合意されている、デファクト・スタンダードの1つと考えればいい。

四半期に1度の資産評価のＬＰ投資家向け発表は、通常、報告書の形で行われる。それに加え、ほとんどのＰＥファンド・マネジャーは1年に1度、投資家を集めて総会を行う。総会には全ＬＰが招待され、ファンドの運用状況、投資先企業の状況の説明に加え、場合によっては投資環境の分析についての発表も行われる。投資家にとっては、四半期報告書の数字だけでなく、こうした手触り感のあるファンドのアップデートを得られる絶好の機会となっている。かつてはファンド・マネジャーの拠点近辺で年次総会が開かれることが通常だったが、近年はウェブ形式で行うことも増えている。

以上のような視点で、カルパースの投資先ＰＥファンドの成績表をもう一度見てみよう（https://www.calpers.ca.gov/page/investments/about-investment-office/investment-organization/pep-fund-performance）。Vintage Yearと書かれている欄がある。Vintage Year（ビンテージ・イヤー）とは、ファンドが投資家から報酬を受け取り始めた年、つまりファンドにキャッシュフローが発生した年のことだ。「ファンドが始まった年」と大雑把に言っても構わないだろう。このビンテージ・イヤーが最近であればあるほど、まだ数字が上がっていないのがわかるだろうか。あくまでＰＥファンドの成績は、「10年終わってなんぼ」の世界だといえる。

もっと詳しく見てみよう。カルパースのサイトにVintage Yearを入力すると、最新の投資収益が示される仕組みになっている。本稿執筆時には２０２１年３月末日現在（つまり２０２１年第２四半期）のデータが出てくるので、それを使ってみよう。

まずは「２０１９」を入力してみよう。投資収益を表す右のNet IRRとInvestment Multipleは、いずれも「Ｎ／Ｍ」と示される。これはNot Meaningful（意味がない）の略で、サイトの最下部に説明が掲載されている。

Not Meaningful: Funds with a vintage year of 2016 or later are in the initial stages of their investment life cycle. Any performance analysis done on these funds would not generate meaningful results as private equity funds are understood to be long-term investments.

（Not Meaningful：　２０１６年以降のビンテージ・イヤーのファンドは、投資期間の初期にある。ＰＥファンドは長期投資であるため、これらのファンドに関するパフォーマンス分析は意味のある結論とならない。）

（**図表４－２**参照）

要するに、２０２１年３月の時点で、２０１６～２０２０年にかけてコミットメントを行ったＰＥファンドの収益は、カルパースは参考にしていないということを意味する。一方、Vintage Yearに「２０１１」と入力すると、Not Meaningfulとされるファンドのパフォーマンスは載っていない（**図表４－３**参照）。

この２０２１年３月末日時点で最も高い投資収益を上げているＰＥファンド「Hellman & Friedman Capital Partners VII」に注目しよう。このファンドは、米系バイアウト・ファンド運用会社ヘルマン＆フリーマン＊が運用する7本目のバイアウト・ファンドだと思われる。このファンドに対してカルパースがコミットメントを行った３００百万ドルのうち、キャピタルコールを受けて約２８７百万ドルの払い込み（Cash In）を行い、そのうち約

７７５百万ドルの分配を受け取った（Cash Out）ことになる。Cash Out & Remaining Valueが約９３６百万ドルとなっていることは、このファンドが売り抜けた投資以外に未実現（未回収で保有中）の株式が残っていて、その評価額が約１６１百万ドルということを意味する。つまり、このファンドの投資収益として計算されているNet IRR（ファンド・マネジャーに払われる報酬等を差し引いた内部利益率）の24・９％とInvestment Multiple（投資倍率）の３・３倍は、まだ売り抜けていないが評価額が上がっている投資先企業も含めた数字ということを意味する。

さらに、Vintage Yearを遡って「２００５」と入力してみよう。この中で最もInvestment Multipleが高かったInsight Venture Partners V, L.P.というファンドは、分配額であるCash Outの金額とCash Out & Remaining Valueの金額がまったく同じとなっている。つまり、残っている資産がゼロということで、このファンドが全投資を終えていることがわかる（**図表４－４**参照）。

ここで、ＰＥファンドに投資を行う投資家にとって厄介な問題が持ち上がる。それは、ＰＥファンド・マネジャーが次号ファンドの募集を始める時だ。たいていの場合、マネジャーはファンド資金の7割程度使うと、次号ファンドの募集を開始することが許される。ファンドの投資期間は5年なので、投資家は、投資開始後3～5年のファンドの成績を見極めながら、同じマネジャーの次のファンドへ継続投資するかどうか決めなければならないのだ。カルパースの言うNot Meaningfulの期間中であるタイミングの場合もあるだろう。

「ＰＥファンドの成績は10年終わってなんぼなので、10年待ってから次号ファンドに投資するかどうか決めたい」のが投資家の本音なのかもしれないが、人気のあるマネジャーであれば、一度ファンド投資を見送ったらさらにその次号ファンドには入れてもらえないかもしれない。よって、投資家がファンド投資を決める場合、未実現の投資をどう見極めるかが重要となってくる。

イヤーのPEファンドのパフォーマンス（2021年３月現在）

| Cash In | Cash Out | Cash Out & Remaining Value | Net IRR | Investment Multiple |
|---|---|---|---|---|
| | | | | |
| $232,441,399 | $17,578,034 | $382,135,939 | N/M [1] | N/M [1] |
| $159,792,733 | $35,203,081 | $215,112,349 | N/M [1] | N/M [1] |
| $159,838,795 | $30,862,110 | $192,764,998 | N/M [1] | N/M [1] |
| $125,367,307 | $3,274,947 | $150,296,948 | N/M [1] | N/M [1] |
| $109,689,500 | $502,891 | $111,158,797 | N/M [1] | N/M [1] |
| $162,777,759 | $15,408,997 | $173,266,951 | N/M [1] | N/M [1] |
| $125,365,132 | $0 | $138,840,921 | N/M [1] | N/M [1] |
| $178,301,959 | $0 | $392,470,688 | N/M [1] | N/M [1] |
| $128,545,279 | $1,813,194 | $121,943,510 | N/M [1] | N/M [1] |
| $112,800,000 | $23,672 | $200,503,828 | N/M [1] | N/M [1] |
| $56,030,976 | $8,271,134 | $65,689,553 | N/M [1] | N/M [1] |
| $49,510,741 | $0 | $89,101,294 | N/M [1] | N/M [1] |
| $115,920,000 | $0 | $215,950,606 | N/M [1] | N/M [1] |
| $131,812,789 | $4,290,171 | $123,619,514 | N/M [1] | N/M [1] |
| $26,595,891 | $2,793,785 | $26,263,152 | N/M [1] | N/M [1] |
| $209,606,790 | $8,052,235 | $219,249,751 | N/M [1] | N/M [1] |
| $27,923,666 | $5,752,656 | $37,332,548 | N/M [1] | N/M [1] |
| $92,633,544 | $7,101,427 | $101,994,991 | N/M [1] | N/M [1] |
| $116,342,782 | $1,591,388 | $128,702,966 | N/M [1] | N/M [1] |
| $243,932,248 | $1,884,054 | $259,556,964 | N/M [1] | N/M [1] |
| $199,771,629 | $0 | $215,452,106 | N/M [1] | N/M [1] |
| $61,147,674 | $0 | $69,005,392 | N/M [1] | N/M [1] |

イヤーのPEファンドのパフォーマンス（2021年３月現在）

| Cash In | Cash Out | Cash Out & Remaining Value | Net IRR | Investment Multiple |
|---|---|---|---|---|
| | | | | |
| $286,622,763 | $775,479,117 | $936,212,607 | 24.9% | 3.3x |
| $95,284,663 | $180,150,403 | $294,629,078 | 22.9% | 3.1x |
| $131,331,594 | $121,002,582 | $273,985,120 | 14.0% | 2.1x |
| $26,400,522 | $42,892,470 | $51,417,531 | 22.6% | 1.9x |
| $540,731,904 | $594,829,506 | $928,932,886 | 13.0% | 1.7x |
| $172,216,990 | $233,341,807 | $282,449,250 | 16.4% | 1.6x |
| $200,000,000 | $207,716,517 | $280,183,270 | 6.3% | 1.4x |
| $310,512,194 | $334,982,961 | $385,660,039 | 10.6% | 1.2x |
| $153,245,391 | $154,296,758 | $173,442,253 | 2.7% | 1.1x |

【図表４－２】 Calpersが出資した2019年ビンテージ

| Fund | Vintage Year | Capital Committed |
|---|---|---|
| Search Fund | 2019 | |
| Advent International GPE IX Limited Partnership | 2019 | $550,000,000 |
| Apollo Investment Fund IX, L.P | 2019 | $550,000,000 |
| BE VI 'H' L.P. | 2019 | $402,718,566 |
| Blackstone Tactical Opportunities Fund III-C (Surge) L.P. | 2019 | $500,000,000 |
| Carlyle Europe Partners V, S.C.Sp. | 2019 | $346,872,153 |
| Cerberus CAL III Partners, L.P. | 2019 | $500,000,000 |
| GCM Grosvenor DEM III, L.P. | 2019 | $550,000,000 |
| Grandval II, L.P. | 2019 | $600,000,000 |
| PAG Asia III LP | 2019 | $380,000,000 |
| Permira Growth Opportunities I L.P. 1 | 2019 | $200,000,000 |
| Siris Partners IV, L.P. | 2019 | $100,000,000 |
| SL SPV-2, L.P. | 2019 | $28,417,191 |
| TCV X, L.P. | 2019 | $175,000,000 |
| Towerbrook Investors V (Onshore) LP | 2019 | $400,000,000 |
| Towerbrook Structured Opportunities Fund II (Onshore) LP | 2019 | $250,000,000 |
| TPG Golden Bear Partners, L.P. | 2019 | $400,000,000 |
| TPG Healthcare Partners, L.P. | 2019 | $100,000,000 |
| TPG Partners VIII, L.P. | 2019 | $500,000,000 |
| Triton Fund V, LP | 2019 | $290,115,946 |
| Vista Equity Partners Fund VII-Z, L.P. | 2019 | $400,000,000 |
| WCAS XIII, L.P. | 2019 | $400,000,000 |
| Wigmore Street VI Co-Investment No. 1 LP | 2019 | $101,478,849 |

【図表４－３】 Calpersが出資した2011年ビンテージ

| Fund | Vintage Year | Capital Committed |
|---|---|---|
| Search Fund | 2011 | |
| Hellman & Friedman Capital Partners VII | 2011 | $300,000,000 |
| Francisco Partners III, L.P. | 2011 | $100,000,000 |
| Birch Hill Equity Partners (US) IV, LP | 2011 | $137,166,333 |
| CalPERS Wellspring V, L.P. | 2011 | $24,975,000 |
| Blackstone Capital Partners VI L.P. | 2011 | $500,000,000 |
| Wellspring Capital Partners V, L.P. | 2011 | $150,000,000 |
| Oaktree Opportunities Fund VIIIb, L.P. | 2011 | $200,000,000 |
| GSO Capital Opportunities Fund II L.P. | 2011 | $250,000,000 |
| Avenue Special Situations Fund VI (A), L.P. | 2011 | $150,000,000 |

出所）４－２、４－３ともにCalpersウェブサイト

イヤーのPEファンドのパフォーマンス（2021年３月現在）

| Cash In | Cash Out | Cash Out & Remaining Value | Net IRR | Investment Multiple |
|---|---|---|---|---|
| | | | | |
| $14,000,000 | $47,668,884 | $47,668,884 | 26.3% | 3.4x |
| $32,500,000 | $90,913,937 | $90,913,937 | 20.9% | 2.8x |
| $77,609,736 | $184,029,126 | $187,203,823 | 42.7% | 2.4x |
| $315,731,007 | $665,380,421 | $665,380,421 | 14.5% | 2.1x |
| $195,554,362 | $412,814,091 | $413,296,651 | 16.8% | 2.1x |
| $142,211,315 | $258,558,118 | $267,769,073 | 12.0% | 1.9x |
| $138,727,183 | $264,581,334 | $266,168,574 | 13.6% | 1.9x |
| $406,865,452 | $726,781,649 | $727,168,016 | 17.2% | 1.8x |
| $195,738,362 | $319,867,418 | $327,971,315 | 10.1% | 1.7x |
| $40,135,407 | $61,947,907 | $62,565,026 | 11.9% | 1.6x |
| $267,297,504 | $343,371,353 | $350,461,145 | 5.9% | 1.3x |
| $63,247,676 | $78,583,349 | $79,966,410 | 4.5% | 1.3x |
| $236,198,253 | $294,468,724 | $295,269,865 | 3.9% | 1.3x |
| $191,932,333 | $194,762,790 | $234,715,330 | 2.5% | 1.2x |
| $30,874,091 | $37,552,281 | $37,552,281 | 7.9% | 1.2x |
| $157,826,071 | $184,249,143 | $184,930,324 | 3.1% | 1.2x |
| $84,766,869 | $78,177,512 | $78,177,512 | -1.4% | 0.9x |
| $198,000,000 | $129,463,682 | $137,271,590 | -7.2% | 0.7x |

たとえ投資後2、3年の間、うまくいっている投資先企業であったとしても、その後何か不測の事態を受け、最終的にはファンドが損失を出してしまうことだってあり得る。その逆も然りで、投資直後は冴えないように見えても、最終的にかなりの投資倍率で売り抜ける場合もある。投資家にとって、ファンド募集中のマネジャーが、未実現案件を含む現在投資中のファンドのパフォーマンスを見せて「ほら、うまくいっているから大丈夫です」と自信満々に言われるほど鼻白むものだろう。

カルパースの表を見てもわかるように、ファンドごとに収益の差は存在する。ファンドの存続期間中にある程度上下し、最終的にはVintage Year「2005」のように3・0倍の投資倍率を上げるものもあれば、元本割れの損失を出してしまうものもある。カルパースのような世界有数の巨大機関投資家は、

【図表４－４】 Calpersが出資した2005年ビンテージ

| Fund | Vintage Year | Capital Committed |
|---|---|---|
| Search Fund | 2005 | |
| Insight Venture Partners V Coinvestment Fund, L.P. | 2005 | $14,000,000 |
| Insight Venture Partners V, L.P. | 2005 | $32,500,000 |
| Advent International GPE V-D, L.P. | 2005 | $81,103,803 |
| Carlyle Partners IV L.P. | 2005 | $300,000,000 |
| Newbridge Asia IV, L.P. | 2005 | $180,000,000 |
| Birch Hill Equity Partners (US) III, LP | 2005 | $125,661,087 |
| New Mountain Partners II, L.P. | 2005 | $150,000,000 |
| CVC European Equity Partners IV (D) L.P. | 2005 | $325,863,084 |
| TowerBrook Investors II, L.P. | 2005 | $200,000,000 |
| ICV Partners II, L.P. | 2005 | $31,220,000 |
| Carlyle/Riverstone Global Energy and Power Fund III, L.P. | 2005 | $250,000,000 |
| Clearwater Capital Partners Fund II Holdings, L.P. | 2005 | $54,375,000 |
| KKR European Fund II, L.P. | 2005 | $200,959,084 |
| Bridgepoint Europe III 'D' LP | 2005 | $194,511,967 |
| Carlyle Mexico Partners, L.P. | 2005 | $25,000,000 |
| Providence Equity Partners V | 2005 | $125,000,000 |
| Carlyle Asia Growth Partners III, L.P. | 2005 | $75,000,000 |
| WLR Recovery Fund III, L.P. | 2005 | $198,000,000 |

出所）Calpersウェブサイト

精鋭の外部アドバイザーをつけてファンドの選択を行っている。それにもかかわらず、投資先ファンドによってこのような結果になるということが、ＰＥファンドの選択という作業の難しさを物語っている。投資後10～15年先のファンドの投資収益を予測するのには無理があるといえる。そのため、投資家は複数のファンドに資金を分散させ、ビンテージ・イヤーの分散も怠らない。

ただし、ＰＥファンドの収益は、全体で見れば公開市場の収益を上回っているとされている。２０１０年から２０２０年の間、公開市場のインデックスであるラッセル２０００インデックスは10・５％だったのに対し、プライベート・エクイティは13・77％だった（Cambridge Associates調べ）。

だからといって、ＰＥ投資が公開株投資より絶対的に優れているといえるわけでもない。ＰＥファンドにせよ、公開株式にせよ、どのファンドもしくはどの銘柄を選択するか、どのようなポートフォリオを構築するかで全体の投資収益は変わってくる。それに、公開株はいつでも買って、いつでも売れる。同じ銘柄でも、とある期間で市場インデックスよりも利益を出すこともあれば、別の時間軸で損失を出してしまうこともあるだろう。

対してＰＥファンドへの投資は基本的に10年塩漬けだ。ＰＥファンドに投資する投資家は、公開株がマクロの影響を受けて値動きするのとは別の力学で投資収益が上がることを期待している。また、「塩漬けしている間に何とかして投資収益を上げて、10年振り返れば儲かるようにうまくやってくれよ」というのが、ＰＥファンドに投資する投資家の基本的な姿勢といえよう。

## 8　ファンド持ち分の売り買い

これまで、投資家はＰＥファンドに存続期間中の10年間資金を寝かし続けなければならないと書いてきたが、実はそこには抜け道がある。セカンダリー売却という方法だ。

ＰＥファンドと投資家との間に交わされる契約書には、たいてい、投資家が自分の持ち分を売却してはならないと書かれている。ただし、買い手を見つけてきた場合はその限りではない、という規程もたいてい付いている。

というのは、ＰＥファンドは一定の規模で固定化することが前提だからだ。１００億円のファンドから、20億円コミットしている投資家が自己都合で抜けて80億円に縮小することになれば、クローズド・エンド・ファンドの基本前提が崩れてしまう。しかし、20億円投資家が他の投資家に入れ替わればどうだろうか。投資家の面子が変わるだけで、ファンドサイズは維持できる。したがって、みずからのコミットメントを引き継ぐことに同意した新たな投資家を見つけてくれれば、その投資家はＰＥファンドから退出できる。

【図表４－５】　セカンダリー案件の投資総額推移（十億ドル）

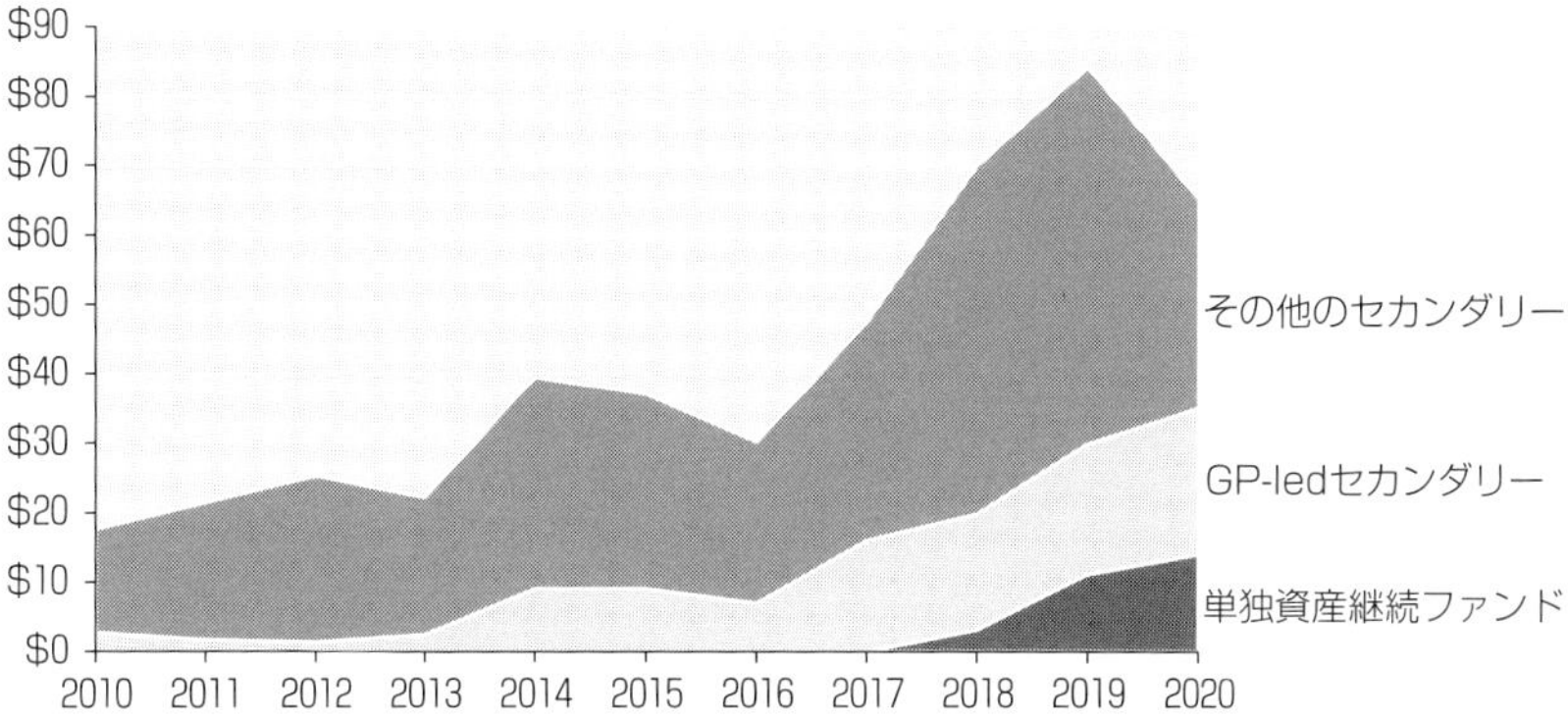


出所）Credit Suisse（2021年３月）

セカンダリー売却は、当初想定されていたよりもはるかに需要が増えてきている。というのは、ＰＥファンドの存続期間である10年という周期には、色んな出来事が起こりうるからだ。たとえば、ＰＥファンド・マネジャーの投資が失敗続きとか、投資チームの内紛で退職者が絶えないとか、投資先のマーケットで何か想定外のこと（リーマンショックや新型コロナ禍など）が起こる可能性は常にある。

また、それ以上に、10年のスパンでは投資家側にさまざまな変化がある。機関投資家といえども企業体が多い。生損保の合併、倒産。年金基金の運用方針変更、運用担当チームの人員削減。政権交代を受けたＳＷＦの投資方針変更。そういう事象が起これば、投資先ＰＥファンドの持ち分を売却する必要性が生じる。

こうしたＰＥファンドの持ち分をセカンダリー取引によって買い取るのがセカンダリー・ファンドだ。セカンダリー・ファンドは、ここ10年で飛躍的な成長を見せ、米レキシントン＊などのように日本円で1兆円を超えるセカンダリー・ファンド・マネジャーも出てきている。Setter Capitalによると、２０１９年における世界のセカンダリー投資の総額は８５０億ドル、つまり約9兆円に達したという。戦略的に、ファンドの投資収益を早めに確定させたいためにセカンダリー・ファンドにＰＥファンドの持ち分を売却する投資家も増えてきている（**図**

【図表４−６】 Hellman Friedman VIIのセカンダリー取引（シミュレーション）

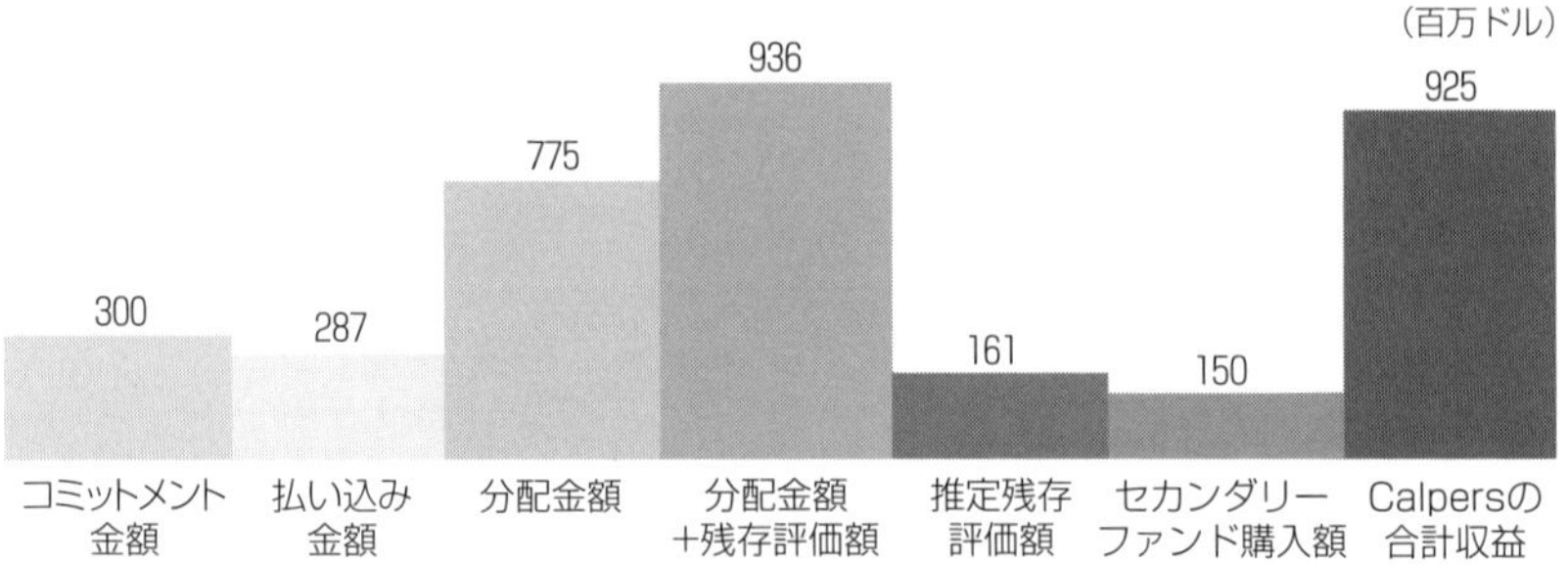


出所）筆者作成。Hellman Friedman VIIは実在するファンドですが、あくまでも本図表はシミュレーションであり、実際このようなセカンダリー取引があったわけではありません。

表４−５参照）。

たとえば、先ほど事例紹介したカルパースの２０１１年ビンテージ・イヤーのファンドをリストアップした**図表４−３**を見てみよう。Hellman & Friedman Capital Partners VIIにカルパースが保有している持ち分が、約１６１百万ドルで評価されていると推測されるのは前述のとおりだ。仮にその残存分を、セカンダリー・ファンドが１５０百万ドルで購入するとしよう。カルパースにとって、すでにこのファンドで約７７５百万ドル分配を受け取っているので、残りを１５０百万ドルで売却すれば合計約９２５百万ドルの収益となる。カルパースのこのファンドへのコミット額は３００百万ドルなので、投資収益は９２５／３００の３・１倍という計算になる。これは表中で示されている現在価値に基づいた３・３倍よりは低いが、投資としては成功といえるだろう（**図表４−６**）。

一方、この持ち分を購入したセカンダリー・ファンドからすれば、１６１百万ドルで評価されている資産を１５０百万ドルで買ったことになる。これは現在価値の７・４％割安に相当する。たとえこの残った資産が、１年後に現在価値と同じ１６１百万ドルでエグジットしたとしても、１年間で11百万ドルの利益、つまり年率７・４％の収益を上げるという計算になる。

投資家の視点から見れば、このようなセカンダリー売却によって、ＰＥファンド投資に実質一定の流動性ができたということになる。もちろん、そこには手放す価格の多寡という問題もある。投資家にとっては、買い手であるセカンダリー・ファンドによって、ファンドの持ち分が買い叩かれるリスクもあるだろう。また、「あと3、4年待てばファンドの収益が好転するかもしれないし、さらに伸びるかもしれない」とあきらめがつかない場合もある。たとえば、現時点で161百万ドルと評価されているHellman & Friedman Capital Partners VIIの残存アセットが、数年後200百万ドルでエグジットする可能性だってあり得る。しかし、売却を行う際に競争入札を使えば、ある程度売却価格を吊り上がることも証明されている。

最近は、このようなセカンダリー市場での売買成立を見越して、自分たちのPEポートフォリオを能動的に入れ替えるといった積極運用を行う機関投資家も増えてきている。「PEファンドは10年流動性がない投資」というレッテルは、消えつつある。

セカンダリー投資の存在は、PEファンドの募集の形も変えつつある。投資家に対して「流動性が（実質的に）ある商品です」といえるようになったからだ。10年もの存続期間のある非流動性商品に躊躇する、より小規模の投資家に対してPEファンドを販売するプラットフォーム販売業者の一部は、セカンダリー・ファンドと提携しているところもある。

## 【注釈】

### ●PEファンドの存続期間

PEファンドは投資信託等のファンドとは違い、「寿命」である存続期間があらかじめ決まっている。存続期間は10年が一般的だが、それより若干短い場合もある。また、2年程度の延長猶予期間も設けられるのが通常。この存続期間中に出した投資収益が、ファンドの成績となる。存続期間が終わったPEファンドは通常、清算されることが多い。ただし、存続期間が設けられていることや10年間という一般的な年数は、長年PE投資業界内で共有されてきたデファクト・スタンダードにすぎず、法律や規制によって決まっているわけではない。このデファクト・スタンダードから外れたことをすると、ファンド募集時に余計な神経を投資家に使わせることになるから、ファンド・マネジャーは冒険して触りたがらない。ただし、2021年10月、シリコンバレー系のベンチャーキャピタル大手のセコイアが、存続期間を取っ払った次号ファンドのアイデアを発表し、話題になっている。

### ●管理報酬

PEファンドが投資家から定期的に決まった割合で徴収する。通常、投資期間中は分母をファンドサイズとして0.5~2.5%で設定される。投資期間終了後は、純資産を分母とするので、資産を売却すればするほど、分母も管理報酬額も縮小する。ファンドサイズが大きければ大きいほど管理報酬割合は小さくなる。投資家は投資額に応じて払込金額が按分される。ファンド・マネジャーにとっては、人件費の原資を含めた日常的な運転資金となる。

### ●PIPES

Private Investments in Public Equitiesの略。PEファンドが公開株式に行う投資全般を指す。非公開企業に投資を行い、その後上場しても少数株を持ち続ける場合もあるが、公開企業の少数株式に投資する場合もある。後者の場合、果たして非公開株を表すPEの定義を満たしているのかどうか、意見が分かれるところだ。ファンド・マネジャーがPIPESを正当化したい場合、「少数株主であるが大株主/筆頭株主であり、投資先企業の経営に一定の関与を行う」「ほとんど取引されておらず、流動性の少ない銘柄であるため、実質ＰＥ投資と変わらない」等の論拠を投資家に対して提示する。対して投資家は、ＰＥ投資を行う際、非流動性資産として公開株と区別して予算の割り当てを行うため、ＰＩＰＥＳを嫌う傾向がある。そのため、投資家の要請でＰＩＰＥＳに対して投資額の上限値を設定するなどして妥協することが多い。

### ●ＴＯＢ

Take-over Bidの略で、株式公開買付のこと。公開企業の買収を目的として、株主に対して買い取り価格を示し、株式の買付けを行うこと。非上場化を行う場合等に利用されることが多い。２０２１年12月、ＳＢＩホールディングスが新生銀行に対するＴＯＢを成立させ、子会社化に成功した。

### ●デューデリジェンス

直訳すれば「精査」。投資の世界では、一般的に投資先候補案件が投資に値するかどうかの「精査」を意味する。一般的には、ＰＥファンドが投資先企業の選定を行う際のデューデリジェンスがよく知られるが、投資家もＰＥファンドに対してディーデリジェンスを行う。ＰＥファンドは設立時に、投資先企業・資産がほとんどない状態で募集行為を行うため、投資家のデューデリジェンスの内容も特殊なものになる。たとえば、ファンド・マネジャーの過去の投資実績、投資担当者のクオリティ、投資戦略、ファンドサイズの妥当性、投資家契約書の妥当性といった、未来志向型の内容になってしまう。一般的なデューデリジェンスが投資先の直接的なデータや内容を対象とするのに対して、ＰＥファンドのデューデリジェンスは、存続期間である向こう10年間、安心して資金を預けることができるか、アップサイドを見込める蓋然性はあるか、といった、ファンドというよりファンド・マネジャーの精査としての色彩が強い。

●保有期間

ＰＥ用語としては、ＰＥファンドが企業や資産に投資して、売り抜けるまでの期間を指すことが多い。保有期間は、3～5年程度で設定されており、投資に際するモデリング（投資後の業績、ファンドの投資収益のシミュレーション）もそれくらいの長さとなっている。当然、結果的にそれより短くなったり長くなったりすることもある。ＰＥファンドの存続期間が10年、そのうち投資期間が前半5年と設定されているのも、5年目に行われた投資が5年以内にエグジットする、という前提があるからだ。

●投資事業有限責任組合（Limited Partnership＝ＬＰＳ）

ＰＥファンドの組織上の実態は、投資組合であることが多い。最大の理由は、税務上のメリットだろう。ファンドがもし法人形態をとったとすれば、まず売上である投資収益に対して法人税が課税されるので、株主である投資家には課税後の投資収益が分配される。これを投資組合で行うと、投資収益に対して課税されないため、投資家には課税前の投資収益が分配されることになる。これをパススルー課税と呼ぶ。日本におけるパススルー課税の対象となっているのは、有限責任事業組合（ＬＬＰ）、投資事業有限責任組合（ＬＰＳ）、任意組合だが、このうち、有限責任組合（ＬＰ）と無限責任組合（ＧＰ）の違いが定義されている投資事業有限責任組合（ＬＰＳ）がＰＥファンドとして使われるケースが最も多い。また、オフショアのＰＥファンドの多くも、ＬＰＳと類似した構造を用いている。

●有限責任組合員（Limited Partner＝ＬＰ）

ＬＰＳにおける有限責任組合員で、一般的には「ＰＥファンドにおける投資家」のことを指す。ＰＥファンドの投資家のことを「投資家」「出資者」と呼ぶケースはむしろ少なく、「ＬＰ」と呼ぶことの方が多い。

## ●無限責任組合員（General Partner＝ＧＰ）

ＬＰＳにおける無限責任組合員で、一般的には「ファンド・マネジャー」のことを指す。厳密にはファンド・マネジャーとＧＰは登記上または組織上、同一ではない。運用会社が日本にあって、ＧＰがオフショアにあるケースも多い。しかし、ＰＥファンドのファンド・マネジャーのことを「運用業者」「ファンド・マネジャー」と呼ぶよりも、「ＧＰ」と呼ぶことの方が多い。

## ●マゼランファンド

フィデリティが運用する投資信託。ピーター・リンチが運用責任者だった１９７０年から１９９０年の間に、運用資産総額が１８００万ドルから７７８倍に当たる２００億ドルへと膨れ上がった。

## ●ＩＲＲ（内部収益率）

Internal Rate of Return。ＰＥファンドの成績は、「10年たって投資元本の何倍で売り抜けたか」で基本的に判断されるが、どれだけ早く投資元本が戻ってきたか、どれだけ早く収益を上げたか、という時間的な要素を入れた指標。同じ投資倍率を上げたとしても、保有期間が短いほどＩＲＲは高くなる。たとえば、ＰＥファンドが最初の投資の保有期間が1年で2倍の投資収益を上げた場合、5年かかって同じ2倍の投資収益を上げるよりもＩＲＲは高くなる。資金効率を重視する年金基金等の投資家にとっては、特に重要な指標となる。

## ●ＤＣＦ法

Discounted Cash Flow法の略。ＥＢＩＴＤＡマルチプル法と同様、非上場会社の理論上の価値評価方法の１つ。企業が将来的に期待できるキャッシュフローを現在価値に割り引いて求められる。将来をいかに楽観的に見るかによって数字が大きく変わるため、M＆Aの交渉においてはさほど使われない指標。

●ヘルマン＆フリードマン

1984年、米国サンフランシスコで創業したバイアウト・ファンド。運用資産額500億ドル。

●レキシントン

レキシントン・パートナーズ。1990年、米国ニューヨークで創業した、セカンダリー・ファンドのパイオニア的存在。2020年に募集完了した140億ドルの9号ファンドは、セカンダリー・ファンドの規模としては過去最大。コーインベストメント・ファンドの運用も行っている。創業以来独立系だったが、2021年、資産運用会社フランクリン・テンプルトンに買収された。

# 第五章　シミュレーション——ＰＥファンド投資家の体験記

本章では、これまで説明したPEファンドの仕組みを、具体的にシミュレーションで示したい。

ここに架空のPEファンド・マネジャー「ノースビレッジ・キャピタル」が、500億円の「ノースビレッジ3号」というバイアウト・ファンド募集を行うと仮定する。そして、デジタルプラットフォームを通して、個人投資家の佐藤さん（40歳）と日下部さん（30歳）がコミットメントを行うと仮定する。

## 1　1年目――ファンド募集と2件の投資

2024年9月、ノースビレッジ・キャピタル（以下ノースビレッジ）が、500億円のバイアウト・ファンドの募集の発表を行った。管理報酬は年2%、成功報酬は20%。ただし、成功報酬がノースビレッジに支払われるのは、ファンドの収益がコミットメント金額の8%を超えてから、という条件付きだ。このような8%のような最低条件は「ハードルレート」や「プリファード・リターン」と呼ばれる。

デジタルプラットフォーム会社は、ノースビレッジとの交渉の末、20億円のコミットメントを獲得し、ウェブサイトを通じ、顧客である個人投資家にウエブ上で宣伝を開始。3カ月で20億円を集めた。そのなかに500万円を投資した40歳の佐藤さん、100万円を投資した30歳の日下部さんも含まれていた。

2025年1月、ノースビレッジは300億円でファースト・クローズを発表した。通常、管理報酬は四半期ごとにキャピタルコールがかかるが、コミットメントの契約に署名していたデジタルプラットフォームのような投資家は、この時点で最初の管理報酬のキャピタルコールを受けた。管理報酬は年率2%なので、ノースビレッジはこのファースト・クローズの時点で、300億円の2%の4分の1の金額を投資家から集めることになる。

これによってデジタルプラットフォームは、コミットメント金額20億円の2%の4分の1、つまり1000万円の送金をノースビレッジから求められた。それを受け、デジタルプラットフォームは、各個人投資家に同じ割合の負担を求めた。それによって、佐藤さんは５００万円のうち2万５０００円、日下部さんは１００万円のうち５０００円を送金した。

ノースビレッジの手元には、３００億円の2％の4分の1、つまり1.5億円の現金が入ってくる。これはファンド・マネジャーとしてのランニングコスト、つまり従業員の給料などに充てられる。同時に、３００億円（から管理報酬を引いた額）まで投資をできるキャパを手にしたことになる。

ファンド募集期間は、このファースト・クローズから1年間。その間にノースビレッジは、目標金額の５００億円に達するまで募集活動を継続する。しかし、もし1年以内に５００億円に達した場合、その時点でファンド募集を止める。1年間の募集期間で５００億円に達しない場合、募集を完了した５００億円未満規模のファンドを運用することになる。

２０２５年2月、ノースビレッジは、このファンドから最初の投資を行った。これを1号投資案件としよう。ファンドからの出資額は30億円。この時点におけるファンドサイズ３００億円のちょうど10分の1に相当する。20億円のコミットメントを行っているデジタルプラットフォームは、1号投資案件の概要とともに、コミットメント額の10分の1に相当する2億円のキャピタルコールを受け取り、払い込みを行った。その際に、５００万円のコミットメントの佐藤さんは50万円、１００万円の日下部さんは10万円を送金した。

２０２５年3月、日本の大手銀行から１００億円のコミットメントを得たため、ノースビレッジ3号は４００億円でセカンド・クローズを行った。

２０２５年8月、ノースビレッジ3号は2件目の投資を行った。この2号投資案件に対するファンドからの出資額は50億円。デジタルプラットフォームに対するキャピタルコールは、本来50億円のうち20分の1（コミットメン

【図表５－１】 ノースビレッジ３号１年目

| | コミットメント | キャピタルコール | | 分配 | 投資評価額 | 分配+投資評価額 | 投資倍率 | 投資倍率 |
|---|---|---|---|---|---|---|---|---|
| | | うち管理費 | うち投資 | | | | 分配/キャピタルコール（DPI） | (分配+投資資産評価額)/キャピタルコール |
| (億円) ファンド全体 | 500 | 10 | 80 | 0 | 80 | 80 | 0.00x | 0.89x |
| (億円)（１号投資案件） | | | 30 | 0 | 30 | 30 | | |
| (億円)（２号投資案件） | | | 50 | 0 | 50 | 50 | | |
| (万円) 佐藤さん | 500 | 10 | 80 | 0 | 80 | 80 | 0.00x | 0.89x |
| (万円) 日下部さん | 100 | 2 | 16 | 0 | 16 | 16 | 0.00x | 0.89x |

出所）筆者作成

ト額20億円／コミットメント総額４００億円）に相当する２・５億円だ。しかし、デジタルプラットフォームは、１号投資案件に15分の１（コミットメント額20億円／当時のコミットメント総額３００億円）の出資を行っていたため、１号投資案件に過剰出資した分を通算した金額のキャピタルコールを受けた。

すなわち、ノースビレッジはデジタルプラットフォームに対して、２億円（ファンド総額３００億円の時点において１号投資案件に送金した額）から１・５億円（ファンド総額４００億円をベースにした１号投資案件に送金すべきだった額）を差し引いた０・５億円を返金しなければならない。ということで、この２号投資案件のキャピタルコール額は２・５億円から０・５億円を差し引いた額の２億円となった。

同様の計算で、５００万円コミットメントの佐藤さんは、２号投資案件送金分50万円から１号投資案件超過送金分12・５万円を差し引いた額の37・５万円を送金した。１００万円コミットメントの日下部さんは、２号投資案件送金分10万円から１号投資案件超過送金分２・５万円を差し引いた額の７・５万円を送金した。

ファンドの募集期間中に、コミットメント・サイズが大きくなるにつれ、事前のクローズですでにコミットメントを行っている投資家に対しては、このような調整が行われるのだ。

２０２５年12月、ノースビレッジはファイナル・クローズを行った。コミットメント総額は目標どおり５００億円となった。募集期間１年に達したので、コミットメント総額はこれで最終確定した。

以上1年目終了時点におけるノースビレッジの状況をまとめたものが、**図表5－1**となる。

## 2　2年目――3～5号投資案件

2年目、つまり２０２６年1月から12月にかけて、ノースビレッジ3号は上半期に3号投資案件（40億円）、下半期に4号投資案件（52億円）、5号投資案件（50億円）を成立させた。

投資に回した金額は、2年目終了時、累計で２２２億円に達した。その間、管理報酬も20億円に達した。

ノースビレッジ3号の投資期間は5年だ。コミットメント５００億円の48％に相当する２４２億円を2年終了時点で使ったということは、多少早めのペースといっていい。

投資ペースはＰＥファンドによってまちまちだ。ファンドには5年もの投資期間がある。ノースビレッジ3号のようなバイアウト・ファンドの場合、既存投資先企業への経営関与度が高く、既存投資先企業の売却へ費やす時間と労力もあり、投資・売却とも手の込んだＭ＆Ａのプロセスを踏む。毎年規則的に案件が成立すれば資金の使い方としては理想だが、企業は生き物だ。買収するにせよ、経営するにせよ、すべてがファンドのシナリオどおりに進むとは限らない。事前に経営後の関与に手がかかるとわかっている企業もあるし、Ｍ＆Ａには当事者の同意、さらには同じ案件を狙っている競争相手や買収価格も絡んでくる。

２０２６年2月、1号投資案件が投資後1年を経過した。ＰＥファンドは通常、投資後1年間の評価額を据え置きとするが、1年経過後は評価を四半期（ファンドによっては半期）に一度値洗いする。ノースビレッジは、1号投資案件の評価額を投資時の30億円から50億円へと引き上げた。業績、特にＥＢＩＴＤＡが上がっているうえ、レバレッジ・デットの返済が進んでいるためだ。ノースビレッジは投資家に向けた報告書のなかで、その計算根拠を明示した。

2号投資案件は投資後1年以内のため、この時点における投資評価額は50億円で据え置かれた。が、2026年8月に投資後1年を経過したため、2026年9月時点の四半期報告書のなかで、ノースビレッジは、2号投資案件の評価額を投資時の50億円から60億円に引き上げた。同時に、この四半期、1号投資案件の評価額を、50億円から60億円へとさらに引き上げた。

管理報酬に関しては、投資の進捗具合、また既存投資案件の評価額の増減にかかわらず、定期的に粛々とキャピタルコールが行われる。

よって、ファンド全体で、2年目終了時点で払い込み価格が222億円に対し、投資資産の評価額は262億円という計算になる。投資倍率に換算すれば、1・08倍ということだ。これは順調な推移といえる。

PEファンドによっては、必ずしもこのような順調な滑り出しというわけにもいかない。最初の投資案件で評価額が目減りするようなことがあると、キャピタルコール額、つまり投資額がどんどん膨らむ一方、投資先の評価額が落ちていくという事態も珍しくない。そのような事態になった場合、大部分のファンド投資家は想定の範囲内と受け止めるが、中には不安に感じる投資家もいる。特に、小規模の投資家になればなるほど、お金が出ていく一方で評価減のままだったらどうしよう、という不安感を抱くものだ。

PEファンド投資に慣れているはずの大口投資家のなかにも、投資案件の評価減や投資の進捗が遅いことに対して、苛立ちを隠せない担当者もいる。大口投資家といっても生損保、都銀といった大企業がほとんどなので、PEファンドの投資を管理している担当者は多くの場合、人事ローテーションで変わっていく。新たに担当となった人たちのなかには、PEファンドへの投資額の評価が目減りすると、うまく対応できない人もいる。また、たとえ担当者本人たちが慣れていたとしても、新しく着任した上司が戸惑う場合もある。そういう場合、機関投資家のなか

【図表５－２】　ノースビレッジ３号２年目

上半期終了時点

| | コミットメント | キャピタルコール | | 分配 | 投資評価額 | 分配＋投資評価額 | 投資倍率 | 投資倍率 |
|---|---|---|---|---|---|---|---|---|
| | | うち管理費 | うち投資 | | | | 分配/キャピタルコール（DPI） | (分配+投資資産評価額)/キャピタルコール |
| (億円)　ファンド全体 | 500 | 15 | 120 | 0 | 140 | 140 | 0.00x | 1.04x |
| (億円)（１号投資案件） | | | 30 | 0 | 50 | 50 | | |
| (億円)（２号投資案件） | | | 50 | 0 | 50 | 50 | | |
| (億円)（３号投資案件） | | | 40 | 0 | 40 | 40 | | |
| (万円)　佐藤さん | 500 | 15 | 120 | 0 | 140 | 140 | 0.00x | 1.04x |
| (万円)　日下部さん | 100 | 3 | 24 | 0 | 28 | 28 | 0.00x | 1.04x |

下半期終了時点

| | コミットメント | キャピタルコール | | 分配 | 投資評価額 | 分配＋投資評価額 | 投資倍率 | 投資倍率 |
|---|---|---|---|---|---|---|---|---|
| | | うち管理費 | うち投資 | | | | 分配/キャピタルコール（DPI） | (分配+投資資産評価額)/キャピタルコール |
| (億円)　ファンド全体 | 500 | 20 | 222 | 0 | 262 | 262 | 0.00x | 1.08x |
| (億円)（１号投資案件） | | | 30 | 0 | 60 | 60 | | |
| (億円)（２号投資案件） | | | 50 | 0 | 60 | 60 | | |
| (億円)（３号投資案件） | | | 40 | 0 | 40 | 40 | | |
| (億円)（４号投資案件） | | | 52 | 0 | 52 | 52 | | |
| (億円)（５号投資案件） | | | 50 | 0 | 50 | 50 | | |
| (万円)　佐藤さん | 500 | 20 | 222 | 0 | 262 | 262 | 0.00x | 1.08x |
| (万円)　日下部さん | 100 | 4 | 44.4 | 0 | 52.4 | 52.4 | 0.00x | 1.08x |

出所）筆者作成

にはＰＥファンド・マネジャーに対して、場合によっては責任者を呼び出して説明を求めたり、不平不満を表明することも現実にある。

ＰＥファンドの立場からすると、当然悪材料が出る年もあり得るのだが、通常は、1号投資案件の成果については特に神経を尖らせる。というのは、ＰＥファンド・マネジャーはファンドの7割程度の投資を終えると、次のファンドの募集を始めなければならないからだ。投資期間は5年なので、7割程度のキャピタルコールを消化して次号ファンドの募集を始めるタイミングは3、4年目ということになる。そのタイミングで1号投資案件が評価減ということになれば、たとえその後持ち直したとしても、次号ファンドへの投資を検討する投資家の印象はよくないだろう。逆に、ノースビレッジ3号のように、1号投資案件の評価額が上がっていたり、すでに高い倍率で売り抜けていたりすると、投資家の印象は上がる。

もちろん、うまく行っていない案件がたまたま最初にあったからといっても、要はファンド全体のパフォーマンスが最も重要なのだが、人はたとえプロの投資家であっても目に見えるものを判断基準にしがちだ。そのような意味で、ノースビレッジにとって1、2号投資案件が評価額を増やし、このように順調な滑り出しを見せることは次号ファンドの募集に繋がる良いニュースといえよう。

以上、2年目終了時点におけるノースビレッジの状況をまとめたものが、**図表5－2**となる。

## 3　3年目――6～7号投資案件と最初のエグジット

3年目、つまり2027年1月から12月にかけて、ノースビレッジ3号は上半期に6号投資案件（45億円）、下半期に7号投資案件（50億円）を行い、投資を2件成立させた。この2件の投資によって、管理報酬と合わせて、347億円のキャピタルコールが行われたことになる。3年目で70％の消化率は、非常にいいペースだ。

ノースビレッジは、3号ファンドのキャピタルコールが70％に達した局面で、次号ファンド「ノースビレッジ4号」の募集を開始していいという約束を投資家と取り付けている。なぜ投資家の了承が必要かというと、投資家の立場としては、自分たちが投資した商品である3号ファンドの投資と回収に専念することが好ましいからだ。しかし、存続期間の10年が完結してから、次号ファンドの募集に入ったのでは、ノースビレッジのようなファンド・マネジャーは経営難に陥る。というのは、投資期間の5年が終了後、管理報酬はファンドコミット額の2％ではなく、投資残高（エグジットしていない投資案件の投資原価）の2％に変わるからだ。

また、10年たってから次号ファンドの募集に入るのであれば、ファンド・マネジャーが投資できる期間が少なくとも5年空いてしまう。ノースビレッジが3号ファンドの投資期間を終えると、投資した案件の回収とともに、次号ファンドの投資を始める、というのがファンド・マネジャーにとっての理想の流れといえよう。

さらに、もし投資期間の5年が終了してからよっこらしょ、と次号ファンドの募集を開始したのでは、募集に1

年かかるため、管理報酬による収入が目減りし、投資できないという空白期間が1年できてしまう。そこで、投資期間終了後、速やかに次号ファンドの投資を開始できるように、投資可能金額の70％や75％といった区切りを設け、次号ファンドの募集を始めるのが通常なのだ。

次号ファンドをノースビレッジが募集する際、現在走っているノースビレッジ3号の投資実績をトラックレコードとして見せる必要がある。分配の実績は1件でキャピタルコールに対して０・19倍のＤＰＩだが、それとともに意味を持つのが（分配＋投資評価額）／キャピタルコールだ。投資評価額はあくまでその時点における数字であり、最終的に分配される時にはそれ以上にもそれ以下にもなる可能性がある。しかし、ノースビレッジ3号のように、2、3号投資案件がそれぞれ50億円から80億円、40億円から90億円と評価増（ライトアップ）しているのは、投資家にとって好材料となる。

ＤＰＩ（Distribution per Paid-in Capital）とは、そのファンドの「投資できる能力」「投資先企業の評価を上げる能力」に加え「エグジットできる能力」を示す、投資家にとって大変重要な指標となる。

ファンド終了時には、投資案件の評価額とＤＰＩは同じになっているのだが、ファンド存続期間中は、評価額が上がっている投資案件があってもＤＰＩが低いと、エグジットが進んでいないことを意味する。投資評価額は存続期間中に下がることもあるので、ＤＰＩの数字がどこまできっちり出ているかが大変重要視される。

さて、ノースビレッジ3号の既存投資案件に目を転じると、上半期に初めてのエグジットがあった。1号投資案件が65億円で売却されたのだ。投資金額30億円に対して2・17倍を約2年で上げたことになる。回収金額の65億円は、各投資家のコミットメント比率に応じて按分された。その結果、佐藤さんには65万円、日下部さんには13万円が分配された。ファンドの成績の重要な指標であるＤＰＩは、これをもって初めてゼロを脱し、3年目上半期の時点で０・22倍となった。下半期の時点では、新たに管理報酬が支払われ、キャピタルコール額が増額したのを受け

【図表5－3】　ノースビレッジ3号3年目

上半期終了時点

| | コミットメント | キャピタルコール | | 分配 | 投資評価額 | 分配+投資評価額 | 投資倍率 | 投資倍率 |
|---|---|---|---|---|---|---|---|---|
| | | うち管理費 | うち投資 | | | | 分配/キャピタルコール（DPI） | (分配+投資資産評価額)/キャピタルコール |
| （億円）　ファンド全体 | 500 | 25 | 267 | 65 | 282 | 347 | 0.22x | 1.19x |
| （億円）（1号投資案件） | | | 30 | 65 | 0 | 65 | | |
| （億円）（2号投資案件） | | | 50 | 0 | 65 | 65 | | |
| （億円）（3号投資案件） | | | 40 | 0 | 70 | 70 | | |
| （億円）（4号投資案件） | | | 52 | 0 | 52 | 52 | | |
| （億円）（5号投資案件） | | | 50 | 0 | 50 | 50 | | |
| （億円）（6号投資案件） | | | 45 | 0 | 45 | 45 | | |
| （万円）　佐藤さん | 500 | 25 | 267 | 65 | 282 | 347 | 0.22x | 1.19x |
| （万円）　日下部さん | 100 | 5 | 53.4 | 13 | 56.4 | 69.4 | 0.22x | 1.19x |

下半期終了時点

| | コミットメント | キャピタルコール | | 分配 | 投資評価額 | 分配+投資評価額 | 投資倍率 | 投資倍率 |
|---|---|---|---|---|---|---|---|---|
| | | うち管理費 | うち投資 | | | | 分配/キャピタルコール（DPI） | (分配+投資資産評価額)/キャピタルコール |
| （億円）　ファンド全体 | 500 | 30 | 317 | 65 | 367 | 432 | 0.19x | 1.24x |
| （億円）（1号投資案件） | | | 30 | 65 | 0 | 65 | | |
| （億円）（2号投資案件） | | | 50 | 0 | 80 | 80 | | |
| （億円）（3号投資案件） | | | 40 | 0 | 90 | 90 | | |
| （億円）（4号投資案件） | | | 52 | 0 | 52 | 52 | | |
| （億円）（5号投資案件） | | | 50 | 0 | 50 | 50 | | |
| （億円）（6号投資案件） | | | 45 | 0 | 45 | 45 | | |
| （億円）（7号投資案件） | | | 50 | 0 | 50 | 50 | | |
| （万円）　佐藤さん | 500 | 30 | 317 | 65 | 367 | 432 | 0.19x | 1.24x |
| （万円）　日下部さん | 100 | 6 | 63.4 | 13 | 73.4 | 86.4 | 0.19x | 1.24x |

出所）筆者作成

て、0・19倍となった。

2号投資案件以下の評価額は、**図表5－3**のとおりとなった。2号、3号投資案件は上半期、下半期と期を追うごとに評価額を上げた。4号、5号投資案件は投資後1年たったが、評価額は据え置かれたままだ。

## 4　4年目——8号投資案件と2件目エグジット

4年目、つまり2028年1月から12月にかけて、ノースビレッジ3号は、1件の新規投資と1件のエグジットを果たした。

8号投資案件は45億円で上半期に行われた。これによってファンドから投資に回った金額の合計は362億円となり、管理費の累計35億円と合わせて397億円となり、。管理費が上積みされた下半期には、402億円となった。

エグジットは3号投資案件で行われ、40億円

**【図表５－４】　ノースビレッジ３号４年目**

上半期終了時点

| | コミットメント | キャピタルコール | | 分配 | 投資評価額 | 分配+投資評価額 | 投資倍率 | 投資倍率 |
|---|---|---|---|---|---|---|---|---|
| | | うち管理費 | うち投資 | | | | 分配/キャピタルコール（DPI） | (分配+投資資産評価額)/キャピタルコール |
| (億円)　ファンド全体 | 500 | 35 | 362 | 165 | 340 | 505 | 0.42x | 1.27x |
| (億円)（１号投資案件） | | | 30 | 65 | 0 | 65 | | |
| (億円)（２号投資案件） | | | 50 | 0 | 90 | 90 | | |
| (億円)（３号投資案件） | | | 40 | 100 | 0 | 100 | | |
| (億円)（４号投資案件） | | | 52 | 0 | 40 | 40 | | |
| (億円)（５号投資案件） | | | 50 | 0 | 70 | 70 | | |
| (億円)（６号投資案件） | | | 45 | 0 | 45 | 45 | | |
| (億円)（７号投資案件） | | | 50 | 0 | 50 | 50 | | |
| (億円)（８号投資案件） | | | 45 | 0 | 45 | 45 | | |
| (万円)　佐藤さん | 500 | 35 | 362 | 165 | 340 | 505 | 0.42x | 1.27x |
| (万円)　日下部さん | 100 | 7 | 72.4 | 33 | 68 | 101 | 0.42x | 1.27x |

下半期終了時点

| | コミットメント | キャピタルコール | | 分配 | 投資評価額 | 分配+投資評価額 | 投資倍率 | 投資倍率 |
|---|---|---|---|---|---|---|---|---|
| | | うち管理費 | うち投資 | | | | 分配/キャピタルコール（DPI） | (分配+投資資産評価額)/キャピタルコール |
| (億円)　ファンド全体 | 500 | 40 | 362 | 165 | 385 | 550 | 0.41x | 1.37x |
| (億円)（１号投資案件） | | | 30 | 65 | 0 | 65 | | |
| (億円)（２号投資案件） | | | 50 | 0 | 90 | 90 | | |
| (億円)（３号投資案件） | | | 40 | 100 | 0 | 100 | | |
| (億円)（４号投資案件） | | | 52 | 0 | 40 | 40 | | |
| (億円)（５号投資案件） | | | 50 | 0 | 90 | 90 | | |
| (億円)（６号投資案件） | | | 45 | 0 | 60 | 60 | | |
| (億円)（７号投資案件） | | | 50 | 0 | 60 | 60 | | |
| (億円)（８号投資案件） | | | 45 | 0 | 45 | 45 | | |
| (万円)　佐藤さん | 500 | 40 | 362 | 165 | 385 | 550 | 0.41x | 1.37x |
| (万円)　日下部さん | 100 | 8 | 72.4 | 33 | 77 | 110 | 0.41x | 1.37x |

**出所）筆者作成**

の投資に対して１００億円のエグジットだったので、２年で2・5倍となり、最初のエグジットだった１号投資案件に続いて成功案件だった。このエグジットにより、佐藤さんには１６５万円、日下部さんには33万円の分配が行われた。ファンドのＤＰＩは、上半期時点で０・42倍となった。

既存投資案件に目を転じると、投資後１年以上が経過して初めての評価額が算出された４号投資案件が、投資額の52億円から40億円と評価減となった。一方、その他の既存投資案件は軒並み評価増となった。２号投資案件は、３年目下半期の80億円から90億円へ、投資後１年経過した５号投資案件は上半期70億円から下半期90億円、６号案件は上半期45億円から下半期60億円、７号案件は上半期50億円から下半期60億円となった。

以上、4年目終了時点におけるノースビレッジの状況をまとめたものが、**図表5－4**となる。

## 5　5年目――9～10号投資案件と3～5件目エグジット

投資期間の最終年である5年目、つまり2029年1月から12月にかけて、ノースビレッジ3号は、2件の新規投資と、3件のエグジットを果たした。投資は上半期に9号投資案件として35億、そして下半期に10号投資案件として30億円を行った。投資期間を終えたことにより、全投資案件が出揃い、投資額の合計は計427億円だった。これに管理報酬50億円を足すと、コミットメント総額500億円中477億円を使ったことになる。

これ以降、ノースビレッジ3号は投資を基本的に実行することができず、既存投資案件のエグジット、つまり投資回収に力を集中することになる。

エグジット活動としては、上半期に2号投資案件を110億円、4号投資案件を35億円で売却した。2号投資案件の投資額は50億円だったので、投資倍率は4年足らずで2・2倍と成功案件だった。しかし、前年まで投資額52億円に対して40億円と、投資元本を割っていた4号投資案件はそのまま損切りという形になり、投資倍率0・67倍となった。

この2件のエグジットにより、佐藤さんには145万円、日下部さんには29万円の分配が支払われた。

非公開企業に投資を行うPEファンドは、この4号投資案件のように、一定の割合で投資元本割れしたものが含まれることが珍しくない。すべての案件が投資倍率1・0倍を超えるファンドの方が、むしろ珍しいのではないか。

ノースビレッジ3号ファンドはバイアウト・ファンドだが、同じPEファンドでもベンチャーキャピタル・ファンドは、より失敗案件の数が多くポートフォリオに含まれる。その分、成功した案件の投資倍率は10倍、あるいは、それ以上に達する場合もある（メルカリのように）。１つのベンチャーキャピタル・ファンドから行う投資の半分程度が、投資元本を割ることだってある。それでも成功案件の高い投資倍率に引っ張られて、ファンド全体のリターンは高い。ともすれば、ファンド全体でも5倍から10倍のような、驚異的なリターンを出す場合もある。それだけベンチャーキャピタル・ファンドはハイリスク・ハイリターンの性格を持つといえる。まだブレイクイーブンに達しておらず、設立後間もないスタートアップに運転資金を供給するようなベンチャーキャピタルの投資は、キャッシュフローを予測したうえ、黒字企業の経営権を握って投資を行うバイアウト・ファンドの投資とは性格が異なる。このように、「ハイリスク・ハイリターン」と呼ばれるベンチャーキャピタル・ファンドに対して、バイアウト・ファンドなどは「ミドルリスク・ミドルリターン」と投資家に理解されている。どちらがいいというわけではなく、リスク・リターン・プロファイルの異なる両者を、いかにポートフォリオに組み入れるかということが重要だと、多くの機関投資家は考えている。

バイアウト・ファンドのうち、パフォーマンスが最終的に高いものは、早めに損切りを行い、人的リソースを他の既存投資案件に向けたり、損失の金額を最小限に抑えることのできるファンドであることが多い。たまに、一度評価額が投資元本を割っても、その後持ち直して徐々に評価額を上げ、最終的に成功案件に持っていく力技を見せるバイアウト・ファンドもある。思い切って早めに損切りするか、それとも投資企業先への介入を強めて成功案件へ持っていくか、ファンドの判断が分かれるところだ。ここに、そのファンドの特性が出るといってもいい。注意すべきは、成功案件に変えようと人的リソースをテコ入れしたのにもかかわらず、結果的に損失案件に終わったり、当初よりさらに損失額が膨らんでエグジットしてしまうケースだろう。

ノースビレッジ3号ファンドは、下半期に6号投資案件が95億円でエグジットした。投資金額45億円に対し、２年半で投資倍率は２・11倍と、これも成功案件だった。佐藤さんには95万円、日下部さんには７万円の分配額と

【図表5－5】　ノースビレッジ3号5年目

上半期終了時点

| | コミットメント | キャピタルコール | | 分配 | 投資評価額 | 分配+投資評価額 | 投資倍率 | 投資倍率 |
|---|---|---|---|---|---|---|---|---|
| | | うち管理費 | うち投資 | | | | 分配/キャピタルコール（DPI） | (分配+投資資産評価額)/キャピタルコール |
| （億円）　ファンド全体 | 500 | 45 | 397 | 310 | 350 | 660 | 0.70x | 1.49x |
| （億円）（１号投資案件） | | | 30 | 65 | 0 | 65 | | |
| （億円）（２号投資案件） | | | 50 | 110 | 0 | 110 | | |
| （億円）（３号投資案件） | | | 40 | 100 | 0 | 100 | | |
| （億円）（４号投資案件） | | | 52 | 35 | 0 | 35 | | |
| （億円）（５号投資案件） | | | 50 | 0 | 90 | 90 | | |
| （億円）（６号投資案件） | | | 45 | 0 | 80 | 80 | | |
| （億円）（７号投資案件） | | | 50 | 0 | 80 | 80 | | |
| （億円）（８号投資案件） | | | 45 | 0 | 65 | 65 | | |
| （億円）（９号投資案件） | | | 35 | 0 | 35 | 35 | | |
| （万円）　佐藤さん | 500 | 45 | 397 | 310 | 350 | 660 | 0.70x | 1.49x |
| （万円）　日下部さん | 100 | 9 | 79.4 | 62 | 70 | 132 | 0.70x | 1.49x |

下半期終了時点

| | コミットメント | キャピタルコール | | 分配 | 投資評価額 | 分配+投資評価額 | 投資倍率 | 投資倍率 |
|---|---|---|---|---|---|---|---|---|
| | | うち管理費 | うち投資 | | | | 分配/キャピタルコール（DPI） | (分配+投資資産評価額)/キャピタルコール |
| （億円）　ファンド全体 | 500 | 50 | 427 | 405 | 330 | 735 | 0.85x | 1.54x |
| （億円）（１号投資案件） | | | 30 | 65 | 0 | 65 | | |
| （億円）（２号投資案件） | | | 50 | 110 | 0 | 110 | | |
| （億円）（３号投資案件） | | | 40 | 100 | 0 | 100 | | |
| （億円）（４号投資案件） | | | 52 | 35 | 0 | 35 | | |
| （億円）（５号投資案件） | | | 50 | 0 | 110 | 110 | | |
| （億円）（６号投資案件） | | | 45 | 95 | 0 | 95 | | |
| （億円）（７号投資案件） | | | 50 | 0 | 85 | 85 | | |
| （億円）（８号投資案件） | | | 45 | 0 | 70 | 70 | | |
| （億円）（９号投資案件） | | | 35 | 0 | 35 | 35 | | |
| （億円）（10号投資案件） | | | 30 | 0 | 30 | 30 | | |
| （万円）　佐藤さん | 500 | 50 | 427 | 405 | 330 | 735 | 0.85x | 1.54x |
| （万円）　日下部さん | 100 | 10 | 85.4 | 81 | 66 | 147 | 0.85x | 1.54x |

出所）筆者作成

なった。

**図表5－5**のとおり、5年目を終え、ノースビレッジ3号からの累計分配額は405億円となった。DPIは0・85倍となり、キャピタルコールの金額の回収を意味する1・00倍にあと一息となった。

## 6　6年目――6件目エグジットと成功報酬の発生

6年目、つまり2030年1月から12月にかけて、ノースビレッジ3号には大きな変化が2点あった。

1つは、投資期間の5年目を終え、管理報酬の計算方法が変わったことだ。これまではコミットメント総額である500億円の2％、つまり10億円を投資家は毎年支払っていたが、6年目以降は投資残高の2％を毎年支払うことになる。これはいくらに相当するか。ノースビレッジ3号は5年間の投資期間で、10件427億円の投資（管理報酬を除く）を行った。このうち、すでに5件のエグジットを果たしている。5件とは、1、2、3、4、6号投資案件で、これらの投資額合計は217億円となる（1号30億円、2号50億円、3号40億円、4号52億円、6号45億円）。つまり、この時点における投資残高は（427億円から217億円を差し引いた）210億円となる。この2％だから、年4.2億円という計算になる。

佐藤さん、日下部さんら投資家にとって、管理報酬の負担が年10億円から4.2億円に減ることは喜ばしいことだろう。しかも、今後エグジットが増えれば増えるほど、投資残高は減っていくので、管理報酬の負担は減る一方だ。さらに、エグジットが増えるということは、分配も増えるということだ。

一方、ファンド・マネジャーであるノースビレッジにとって、管理報酬の減額は経営上の手当が必要な出来事となる。管理報酬の減額を見越して、後続ファンドの募集を投資期間中に始めるということは、先述のとおりだ。

もう1つの大きな変化は、下半期のエグジットに伴うキャリード・インタレスト（成功報酬）の発生だ。

下半期、7号投資案件が投資金額50億円に対して120億円のエグジットを行った。3年間で2.4倍の投資倍率なので、これも成功案件といえるだろう。

このエグジットにより、ファンド全体のＤＰＩは1.09倍となった。このことは、投資収益がハードルレートの8％を超えたことを意味する。ノースビレッジにいよいよ成功報酬が支払われる。

数字上は、「投資収益がハードルレートの8％を超えたら、ファンド・マネジャーに成功報酬として20％が支払われる」ということを意味する。ファンド全体の分配額525億円から投資額427億円を差し引いた金額98億円の20％、つまり19.6億円がファンド・マネジャーであるノースビレッジに対して支払われる。

投資家契約には、ファンド・マネジャーにキャリード・インタレストが支払われる順序も細かく規定している。一般的には、8％を超えた時点でそれまで支払われていなかったキャリード・インタレストがまずファンド・マネジャーに優先的に支払われるが、全額一気に支払われるとは限らない。契約書には、7割とか8割といった、「これまで支払われなかった報酬を支払う割合」まで規定される。いずれにせよ、最終的には、ハードルレートをクリアするという条件を満たせば、ファンドがもたらす投資収益の20％がファンド・マネジャーの懐に入る仕組みになっている。

さて、本シミュレーションにおいては便宜上、「ファンド単位でハードルレートを超えて初めてファンド・マネジャーに成功報酬が支払われる」という計算を用いた。これは一見、当たり前のように聞こえるかもしれない。しかし、現実世界では、ファンド単位でハードルレート超えが発生する前に成功報酬が支払われることが多い。これはどういうことか。

仕組みとしては、投資案件で分配が発生し、その投資収益がハードルレートを超えた場合、投資収益の20％がファンド・マネジャーに支払われるというものだ。これはディール・バイ・ディール方式と呼ばれる。それに対して、本シミュレーションでノースビレッジ3号に適用したような、ファンド全体のハードルレートを超えて初めてキャリード・インタレストがファンド・マネジャーに支払われる方式は、ホール・ファンド方式と呼ばれる。

ディール・バイ・ディール方式では、たとえば、ノースビレッジ3号の場合、30億円の投資金額の1号投資案件が3年目上半期に65億円でエグジットした。投資収益は35億円なので、投資金額の117％に相当する。優にハードルレートの8％を超えているので、35億円の20％である7億円が、この時点でノースビレッジに支払われる。投資家は、残りの28億円から各投資家に按分されて分配を受け取ることになる。

このやり方を続けると、1つの問題が起きる。それは、ファンドが終わってみれば、各投資案件ごとにファンド・マネジャーに支払ったキャリード・インタレストの総額が、20％を超えてしまうという状態だ。そうなった場合、ファンド・マネジャーは超過分を投資家に返還する。これはクローバックと呼ばれ、投資家間契約であらかじめ規定される。

なぜ、このようなディール・バイ・ディール方式が一般化したかというと、早めにファンド・マネジャーにキャリード・インタレストを支払うような仕組みをつくらないと、ファンド・マネジャー側で達成感、満足感を得られないからだ。ファンド全体でハードルレートを超えるのには、相当な年数がかかる。ノースビレッジ3号は6年かかった。それでも早い方だ。ファンドによっては、9年、10年かかる場合もざらだ。数学上は、最終的に受け取る金額が同じでも、やはり汗をかいた投資チームメンバーとしては、2倍や3倍の投資収益を上げれば、その報いを求めるというのが人の心というものだ。6～10年たたないと成功報酬が入ってこない、という状況だと、投資チームのインセンティブやファンド・マネジャーに在職することの魅力、優秀な人材の確保にも関わってくる。

以上、6年目終了時点におけるノースビレッジの状況をまとめたものが、**図表5－6**となる。

## 【図表5－6】 ノースビレッジ3号6年目

上半期終了時点

| | コミットメント | キャピタルコール | | 分配 | 投資評価額 | 分配+投資評価額 | 投資倍率 | 投資倍率 |
|---|---|---|---|---|---|---|---|---|
| | | うち管理費 | うち投資 | | | | 分配/キャピタルコール(DPI) | (分配+投資資産評価額)/キャピタルコール |
| (億円) ファンド全体 | 500 | 52.6 | 427 | 405 | 390 | 795 | 0.84x | 1.66x |
| (億円)(1号投資案件) | | | 30 | 65 | 0 | 65 | | |
| (億円)(2号投資案件) | | | 50 | 110 | 0 | 110 | | |
| (億円)(3号投資案件) | | | 40 | 100 | 0 | 100 | | |
| (億円)(4号投資案件) | | | 52 | 35 | 0 | 35 | | |
| (億円)(5号投資案件) | | | 50 | 0 | 130 | 130 | | |
| (億円)(6号投資案件) | | | 45 | 95 | 0 | 95 | | |
| (億円)(7号投資案件) | | | 50 | 0 | 100 | 100 | | |
| (億円)(8号投資案件) | | | 45 | 0 | 70 | 70 | | |
| (億円)(9号投資案件) | | | 35 | 0 | 60 | 60 | | |
| (億円)(10号投資案件) | | | 30 | 0 | 30 | 30 | | |
| (万円) 佐藤さん | 500 | 52.6 | 427 | 405 | 390 | 795 | 0.84x | 1.66x |
| (万円) 日下部さん | 100 | 10.52 | 85.4 | 81 | 78 | 159 | 0.84x | 1.66x |

下半期終了時点

| | コミットメント | キャピタルコール | | 分配 | 投資評価額 | 分配+投資評価額 | 投資倍率 | キャリードインタレスト | 投資倍率 |
|---|---|---|---|---|---|---|---|---|---|
| | | うち管理費 | うち投資 | | | | 分配/キャピタルコール(DPI) | | (分配+投資資産評価額)/キャピタルコール |
| (億円) ファンド全体 | 500 | 54.2 | 427 | 525 | 332 | 857 | 1.09x | 19.6 | 1.78x |
| (億円)(1号投資案件) | | | 30 | 65 | 0 | 65 | | | |
| (億円)(2号投資案件) | | | 50 | 110 | 0 | 110 | | | |
| (億円)(3号投資案件) | | | 40 | 100 | 0 | 100 | | | |
| (億円)(4号投資案件) | | | 52 | 35 | 0 | 35 | | | |
| (億円)(5号投資案件) | | | 50 | 0 | 150 | 150 | | | |
| (億円)(6号投資案件) | | | 45 | 95 | 0 | 95 | | | |
| (億円)(7号投資案件) | | | 50 | 120 | 0 | 120 | | | |
| (億円)(8号投資案件) | | | 45 | 0 | 75 | 75 | | | |
| (億円)(9号投資案件) | | | 35 | 0 | 80 | 80 | | | |
| (億円)(10号投資案件) | | | 30 | 0 | 27 | 27 | | | |
| (万円) 佐藤さん | 500 | 54.2 | 427 | 525 | 332 | 857 | 1.09x | 19.6 | 1.78x |
| (万円) 日下部さん | 100 | 10.84 | 85.4 | 105 | 66.4 | 171.4 | 1.09x | 3.92 | 1.78x |

出所）筆者作成

## 7　7年目――7～8件目エグジット

残り4社となった7年目、つまり２０３１年1月から12月にかけて、ノースビレッジ３号は2件のエグジットを果たした。エグジットしたのは8号案件と5号案件で、それぞれ45億円の投資に対して95億円、50億円の投資に対して１８０億円の売却だった。５号案件の保有期間は5年だった。ノースビレッジ３号の割には長かったが、「投資期間5年、ファンド存続期間10年」というファンドの設定は、保有期間5年を基本的に想定したものなので、むしろ平均的な長さなのだ。

これらのエグジットにより、ファンドからの分配はキャリード・インタレストを除くと８００億円となり、キャリード・インタレスト74・6億円を差し引くと７２５・4億円となった。佐藤さんへの分配額は７２５・4万円、日下部さんへの分配額は１４５・1万円に達した。残る投資は9号投資案件と10号投資案件で、そのうち10号投資案件は苦戦しているが、９号投資案件は35億円に対して評価額95億円と順調だ。いよいよノースビレッジ３号は本格的な収穫期に入った。

ファンド・マネジャーであるノースビレッジ側の視点に立つと、管理報酬は7年間の累計で57・02億円に達している。５年目終了時の累計が50億円だったので、いかに投資残高ベースになった6年目以降、収入源として目減りしていっているかがわかる。対照的にキャリード・インタレストからの収入は、この時点ですでに74・6億円にも達している。

要するに、成功報酬が管理報酬を上回った形となり、これはファンド・マネジャーのみならず、投資家にとっても理想的な姿といえる。というのは、ファンドが存在しているだけでも支払われる管理報酬に頼っているよりも、

## 【図表５－７】 ノースビレッジ３号７年目

上半期終了時点

| | コミットメント | キャピタルコール | | 分配 | 投資評価額 | 分配+投資評価額 | 投資倍率 | キャリードインタレスト | 投資倍率 |
|---|---|---|---|---|---|---|---|---|---|
| | | うち管理費 | うち投資 | | | | 分配/キャピタルコール(DPI) | | (分配+投資資産評価額)/キャピタルコール |
| (億円) ファンド全体 | 500 | 55.35 | 427 | 620 | 285 | 905 | 1.29x | 38.6 | 1.88x |
| (億円)（１号投資案件) | | | 30 | 65 | 0 | 65 | | | |
| (億円)（２号投資案件) | | | 50 | 110 | 0 | 110 | | | |
| (億円)（３号投資案件) | | | 40 | 100 | 0 | 100 | | | |
| (億円)（４号投資案件) | | | 52 | 35 | 0 | 35 | | | |
| (億円)（５号投資案件) | | | 50 | 0 | 170 | 170 | | | |
| (億円)（６号投資案件) | | | 45 | 95 | 0 | 95 | | | |
| (億円)（７号投資案件) | | | 50 | 120 | 0 | 120 | | | |
| (億円)（８号投資案件) | | | 45 | 95 | 0 | 95 | | | |
| (億円)（９号投資案件) | | | 35 | 0 | 90 | 90 | | | |
| (億円)（10号投資案件) | | | 30 | 0 | 25 | 25 | | | |
| (万円) 佐藤さん | 500 | 55.35 | 427 | 620 | 285 | 905 | 1.29x | 38.6 | 1.88x |
| (万円) 日下部さん | 100 | 11.07 | 85.4 | 124 | 57 | 181 | 1.29x | 7.72 | 1.88x |

下半期終了時点

| | コミットメント | キャピタルコール | | 分配 | 投資評価額 | 分配+投資評価額 | 投資倍率 | キャリードインタレスト | 投資倍率 |
|---|---|---|---|---|---|---|---|---|---|
| | | うち管理費 | うち投資 | | | | 分配/キャピタルコール(DPI) | | (分配+投資資産評価額)/キャピタルコール |
| (億円) ファンド全体 | 500 | 57.02 | 427 | 800 | 115 | 915 | 1.65x | 74.6 | 1.89x |
| (億円)（１号投資案件) | | | 30 | 65 | 0 | 65 | | | |
| (億円)（２号投資案件) | | | 50 | 110 | 0 | 110 | | | |
| (億円)（３号投資案件) | | | 40 | 100 | 0 | 100 | | | |
| (億円)（４号投資案件) | | | 52 | 35 | 0 | 35 | | | |
| (億円)（５号投資案件) | | | 50 | 180 | 0 | 180 | | | |
| (億円)（６号投資案件) | | | 45 | 95 | 0 | 95 | | | |
| (億円)（７号投資案件) | | | 50 | 120 | 0 | 120 | | | |
| (億円)（８号投資案件) | | | 45 | 95 | 0 | 95 | | | |
| (億円)（９号投資案件) | | | 35 | 0 | 95 | 95 | | | |
| (億円)（10号投資案件) | | | 30 | 0 | 20 | 20 | | | |
| (万円) 佐藤さん | 500 | 57.02 | 427 | 800 | 115 | 915 | 1.65x | 74.6 | 1.89x |
| (万円) 日下部さん | 100 | 11.404 | 85.4 | 160 | 23 | 183 | 1.65x | 14.92 | 1.89x |

出所）筆者作成

成功報酬の最大化を目指してくれる方が、ファンド全体にとっての成功を意味するからだ。

管理報酬は、投資家がファンド・マネジャーに対して支払うものだ。一方で、成功報酬は、投資収益を分かち合うものだ。成功報酬は、投資家、ファンド・マネジャーの両者が同じ船に乗っている、という証でもある。

以上７年目終了時点におけるノースビレッジの状況をまとめたものが、**図表５－７**となる。

## 8　8年目――残り2投資案件の保有継続

８年目、つまり２０３２年1月から12月にかけて、ノースビレッジ３号は残り２社の保有を続け、エグジットを行わなかった。

８年目が始まった時点で、投資額35億円に対して95億円の評価をつけていた９号投資案件は、上半期に１００億円、下半期に１２０億円、とさらに評価額を上げた。投資実行は４年目上半期だったので、ノースビレッジ３号の保有期間はすでに４年を超えている。エグジットしてもよさそうだが、ノースビレッジは以下の２つの理由で保有を続けていた。

１つは、９号投資案件が今後さらに業績を伸ばし、１２０億円をはるかに超える金額でエグジットを達成できる自信があることだ。公開株の売り買いと違い、ノースビレッジ３号のようなバイアウト・ファンドは、投資先企業の経営や事業に深く関与することがある。その関与度は投資先企業やファンドの性格によって濃淡があるが、近い将来に確実に起こる、その企業の業績を押し上げる出来事を把握していることが多い。

たとえば、９号投資案件では、業績が順調なうえ、バランスシートにあった現金を使って前年行った追加買収の効果が認められた。さらにこの企業は、この年も２件目の追加買収を行い、同様の効果が見え始めていた。

また、9号投資案件を150億円で買いたいという一部上場企業も現れていた。ノースビレッジとしては、9号投資案件の成長余地を体現させてから売却すれば、現時点における120億円はおろか、150億円をも超えるエグジットが可能だと踏んでいた。

もう1つの理由は、ノースビレッジ3号全体の状況だ。すでにこのファンドは、8年目開始時点で、8件のエグジットによって800億円の分配を行っていた。ハードルレートも超え、ノースビレッジに74・6億円の成功報酬をもたらした。3年の存続期間を残し、残る会社は2社となっている。そして次号ファンドの募集も終えている。

つまり、ノースビレッジが焦ってこの時点で、さらに成長余地のある9号投資案件を売却する理由は薄いということだ。あと3年もあるのなら、74・6億円まで累積した成功報酬をさらに上積みさせよう、という考えだ。その方が投資収益も上がり、投資家も喜ぶ、ということだ。

この考え方は、基本的に苦戦中の10号投資案件にもあてはまる。9号投資案件と対照的に、この投資先は30億円の投資額に対して、7年目終了時点の20億円から8年目の上半期18億円、下半期15億円、と少しずつ、着実に評価額を落とし続けていた。ノースビレッジの考え方としては、いっそのことこの投資をあきらめて損切りという決断もあり得たのだが、この時点では再生が可能だという自信があった。それに、すでに結果を残しているファンドであるが故に、保有を続けて結果的に損失が出るリスクをとれる、という考えもあった。

ただし、企業は生き物だ。好調な9号投資案件にしても、苦戦中の10号投資案件にしても、何か突然変異が起こってノースビレッジの描くシナリオが崩れないとも限らない。突然、企業内で不正行為が見つかったり、重要な取引先が倒産したり、新型コロナがホテル、航空業界へもたらしたような業界全体に影響を及ぼす予想外の出来事がないとは言い切れない。10号投資案件のような苦戦中の企業に、突然業界全体のコンプスを上げるような吉報がもたらされないとも限らない（たとえば、ヒトゲノム解読を受けた関連業界など）。ノースビレッジがいかに自信

## 【図表５－８】 ノースビレッジ３号８年目

### 上半期終了時点

| | コミットメント | キャピタルコール | | 分配 | 投資評価額 | 分配+投資評価額 | 投資倍率 | キャリードインタレスト | 投資倍率 |
|---|---|---|---|---|---|---|---|---|---|
| | | うち管理費 | うち投資 | | | | 分配/キャピタルコール(DPI) | | (分配+投資資産評価額)/キャピタルコール |
| (億円) ファンド全体 | 500 | 57.67 | 427 | 800 | 118 | 918 | 1.65x | 74.6 | 1.89x |
| (億円)（１号投資案件） | | | 30 | 65 | 0 | 65 | | | |
| (億円)（２号投資案件） | | | 50 | 110 | 0 | 110 | | | |
| (億円)（３号投資案件） | | | 40 | 100 | 0 | 100 | | | |
| (億円)（４号投資案件） | | | 52 | 35 | 0 | 35 | | | |
| (億円)（５号投資案件） | | | 50 | 180 | 0 | 180 | | | |
| (億円)（６号投資案件） | | | 45 | 95 | 0 | 95 | | | |
| (億円)（７号投資案件） | | | 50 | 120 | 0 | 120 | | | |
| (億円)（８号投資案件） | | | 45 | 95 | 0 | 95 | | | |
| (億円)（９号投資案件） | | | 35 | 0 | 100 | 100 | | | |
| (億円)（10号投資案件） | | | 30 | 0 | 18 | 18 | | | |
| (万円) 佐藤さん | 500 | 57.67 | 427 | 800 | 118 | 918 | 1.65x | 74.6 | 1.89x |
| (万円) 日下部さん | 100 | 11.534 | 85.4 | 160 | 23.6 | 183.6 | 1.65x | 14.92 | 1.89x |

### 下半期終了時点

| | コミットメント | キャピタルコール | | 分配 | 投資評価額 | 分配+投資評価額 | 投資倍率 | キャリードインタレスト | 投資倍率 |
|---|---|---|---|---|---|---|---|---|---|
| | | うち管理費 | うち投資 | | | | 分配/キャピタルコール(DPI) | | (分配+投資資産評価額)/キャピタルコール |
| (億円) ファンド全体 | 500 | 58.32 | 427 | 800 | 135 | 935 | 1.65x | 74.6 | 1.93x |
| (億円)（１号投資案件） | | | 30 | 65 | 0 | 65 | | | |
| (億円)（２号投資案件） | | | 50 | 110 | 0 | 110 | | | |
| (億円)（３号投資案件） | | | 40 | 100 | 0 | 100 | | | |
| (億円)（４号投資案件） | | | 52 | 35 | 0 | 35 | | | |
| (億円)（５号投資案件） | | | 50 | 180 | 0 | 180 | | | |
| (億円)（６号投資案件） | | | 45 | 95 | 0 | 95 | | | |
| (億円)（７号投資案件） | | | 50 | 120 | 0 | 120 | | | |
| (億円)（８号投資案件） | | | 45 | 95 | 0 | 95 | | | |
| (億円)（９号投資案件） | | | 35 | 0 | 120 | 120 | | | |
| (億円)（10号投資案件） | | | 30 | 0 | 15 | 15 | | | |
| (万円) 佐藤さん | 500 | 58.32 | 427 | 800 | 135 | 935 | 1.65x | 74.6 | 1.93x |
| (万円) 日下部さん | 100 | 11.664 | 85.4 | 160 | 27 | 187 | 1.65x | 14.92 | 1.93x |

出所）筆者作成

を持っていても、保有年数が増えると不確定要素が増えるということだ。

以上、8年目終了時点におけるノースビレッジの状況をまとめたものが、**図表5－8**となる。

## 9　9年目――さらに保有継続

9年目、つまり2033年1月から12月にかけて、ノースビレッジ3号は残り2社の保有をさらに続け、エグジットを行わなかった。

9号投資案件はさらに業績を伸ばした。35億円の投資額に対して、上半期140億円、下半期165億円と評価額がついに150億円を超えた。前年、「150億円で買いたい」と言ってきた一部上場企業に売却しなかったことは結果的に吉と出た。ノースビレッジは、9号投資案件のエグジットに向けて水面下で動き始めた。反対に、10号投資案件はさらに苦戦が続いた。30億円の投資額に対して、上半期10億円、下半期8億円、と評価額を落とした。結果論だが、前年の上半期だったら理論上は18億円で売れていたことになる。持ち続けたことにより、さらに損失を大きくしてしまったことになる。

さて、9年目ともなれば、投資家がノースビレッジに対し、10年目でファンドを終了するようプレッシャーをかける頃だ。PEファンドには通常、延長条項が決められている。最も一般的なのは、投資家の一定割合の賛同があれば、12年程度まで伸ばせるというものだ。

ノースビレッジ3号は、9年目終了時点で残り案件2件と、大変消化率の高いファンドになっているが、常にPEファンドがこうなるとは限らない。9年目になっても4、5件の投資案件を残し、エグジットの目途が立っていなかったり、ファンド・マネジャーが「いや、もう少し時間をかければもっとリターンを出せる」などとこだわりを見せるケースが実に多い。なかには、残り案件でもう少し頑張ってより高いリターンを出せば、ファンド全体の投資収益が2・0倍といった「きりのいい」数字をクリアし、後々見栄えがよくなる、といったことを考えるファンド・マネジャーもいる。

むしろ、10年ぴったりで終わるＰＥファンドの方が珍しいといってもいい。

投資家からすれば、こういう場合悩ましい。投資家は通常、多数のファンドに投資を行っているため、内部管理の手続き上、管理先ファンドの数が少ない方が楽だと考える。特にノースビレッジ3号のように、すでにファンドとしての答えがだいたい出ていて、残り1年で大きく全体の投資収益が変わらないのであれば、なおさら早くエグジットを終えて、ファンドを畳んで欲しいと考える。

一方で、ファンド・マネジャーが「なんとかもう1年頑張らせて下さい。そうすれば今評価減のこの会社を何とかプラスにしてみせます」「今2倍の評価を得ている会社を、3倍にできます」などと言ってくれば、投資家としては反論が難しい。つまるところ、投資先企業について最もよく知っているのはファンド・マネジャーだからだ。

ノースビレッジ3号の場合、9号投資案件が10年目にエグジットできそうな状況であり、10号投資案件が悲観的な状況にある。このようなケースだと、ファンド・マネジャーは「もう2年くらいかければ10号案件もひっくり返せるはず」と言い張りがちだし、投資家は「もう大勢に影響がないので、10号案件を思い切ってあきらめて、10年ちょうどでファンドを終わらせて欲しい」と考えがちだ。

以上、9年目終了時点におけるノースビレッジの状況をまとめたものが、**図表5－9**となる。

## 【図表５－９】 ノースビレッジ３号９年目

上半期終了時点

| | コミットメント | キャピタルコール | | 分配 | 投資評価額 | 分配+投資評価額 | 投資倍率 | キャリードインタレスト | 投資倍率 |
|---|---|---|---|---|---|---|---|---|---|
| | | うち管理費 | うち投資 | | | | 分配/キャピタルコール(DPI) | | (分配+投資資産評価額)/キャピタルコール |
| (億円) ファンド全体 | 500 | 58.97 | 427 | 800 | 150 | 950 | 1.65x | 74.6 | 1.95x |
| (億円)(１号投資案件) | | | 30 | 65 | 0 | 65 | | | |
| (億円)(２号投資案件) | | | 50 | 110 | 0 | 110 | | | |
| (億円)(３号投資案件) | | | 40 | 100 | 0 | 100 | | | |
| (億円)(４号投資案件) | | | 52 | 35 | 0 | 35 | | | |
| (億円)(５号投資案件) | | | 50 | 180 | 0 | 180 | | | |
| (億円)(６号投資案件) | | | 45 | 95 | 0 | 95 | | | |
| (億円)(７号投資案件) | | | 50 | 120 | 0 | 120 | | | |
| (億円)(８号投資案件) | | | 45 | 95 | 0 | 95 | | | |
| (億円)(９号投資案件) | | | 35 | 0 | 140 | 140 | | | |
| (億円)(10号投資案件) | | | 30 | 0 | 10 | 10 | | | |
| (万円) 佐藤さん | 500 | 58.97 | 427 | 800 | 150 | 950 | 1.65x | 74.6 | 1.95x |
| (万円) 日下部さん | 100 | 11.794 | 85.4 | 160 | 30 | 190 | 1.65x | 14.92 | 1.95x |

下半期終了時点

| | コミットメント | キャピタルコール | | 分配 | 投資評価額 | 分配+投資評価額 | 投資倍率 | キャリードインタレスト | 投資倍率 |
|---|---|---|---|---|---|---|---|---|---|
| | | うち管理費 | うち投資 | | | | 分配/キャピタルコール(DPI) | | (分配+投資資産評価額)/キャピタルコール |
| (億円) ファンド全体 | 500 | 59.62 | 427 | 800 | 173 | 973 | 1.64x | 74.6 | 2.00x |
| (億円)(１号投資案件) | | | 30 | 65 | 0 | 65 | | | |
| (億円)(２号投資案件) | | | 50 | 110 | 0 | 110 | | | |
| (億円)(３号投資案件) | | | 40 | 100 | 0 | 100 | | | |
| (億円)(４号投資案件) | | | 52 | 35 | 0 | 35 | | | |
| (億円)(５号投資案件) | | | 50 | 180 | 0 | 180 | | | |
| (億円)(６号投資案件) | | | 45 | 95 | 0 | 95 | | | |
| (億円)(７号投資案件) | | | 50 | 120 | 0 | 120 | | | |
| (億円)(８号投資案件) | | | 45 | 95 | 0 | 95 | | | |
| (億円)(９号投資案件) | | | 35 | 0 | 165 | 165 | | | |
| (億円)(10号投資案件) | | | 30 | 0 | 8 | 8 | | | |
| (万円) 佐藤さん | 500 | 59.62 | 427 | 800 | 173 | 973 | 1.64x | 74.6 | 2.00x |
| (万円) 日下部さん | 100 | 11.924 | 85.4 | 160 | 34.6 | 194.6 | 1.64x | 14.92 | 2.00x |

出所）筆者作成

## 10　10年目――全投資案件のエグジット完了

10年目、つまり２０３４年1月から12月にかけて、ノースビレッジ3号は残っていた2社をエグジットし、存続期間中にファンド活動を終了させた。

まず、上半期には9号投資案件を売却した。35億円の投資に対し１８０億円のエグジットだった。6年かかったが5・29倍と、ファンドで最高の投資収益を上げた。結果的に、8年目に１５０億円でエグジットするよりも高いリターンを出した。ファンドとしても、7年目の5号投資案件以来のエグジットだった。

下半期には、10号投資案件を売却した。30億円の投資に対し、8億円のエグジットという失敗案件だった。9号投資案件とは逆に、8年目に当時の評価額である15億円でエグジットしていれば、損失はより小さかったことになる。ノースビレッジは、この期に及んでもこの投資に未練を持っており、大口投資家に対して水面下でファンドの延長を提案していた。ファンド期間を延長してでも、この投資をプラスに持っていきたかったのだ。しかし大口投資家の猛反対に遭い、断念した（**図表5－10**）。

# 【図表５－10】 ノースビレッジ３号10年目

上半期終了時点

| | コミットメント | キャピタルコール | | 分配 | 投資評価額 | 分配+投資評価額 | 投資倍率 | キャリードインタレスト | 投資倍率 |
|---|---|---|---|---|---|---|---|---|---|
| | | うち管理費 | うち投資 | | | | 分配/キャピタルコール(DPI) | | (分配+投資資産評価額)/キャピタルコール |
| (億円) ファンド全体 | 500 | 59.62 | 427 | 980 | 8 | 988 | 2.01x | 110.6 | 2.03x |
| (億円)(１号投資案件) | | | 30 | 65 | 0 | 65 | | | |
| (億円)(２号投資案件) | | | 50 | 110 | 0 | 110 | | | |
| (億円)(３号投資案件) | | | 40 | 100 | 0 | 100 | | | |
| (億円)(４号投資案件) | | | 52 | 35 | 0 | 35 | | | |
| (億円)(５号投資案件) | | | 50 | 180 | 0 | 180 | | | |
| (億円)(６号投資案件) | | | 45 | 95 | 0 | 95 | | | |
| (億円)(７号投資案件) | | | 50 | 120 | 0 | 120 | | | |
| (億円)(８号投資案件) | | | 45 | 95 | 0 | 95 | | | |
| (億円)(９号投資案件) | | | 35 | 180 | 0 | 180 | | | |
| (億円)(10号投資案件) | | | 30 | 0 | 8 | 8 | | | |
| (万円) 佐藤さん | 500 | 59.62 | 427 | 980 | 8 | 988 | 2.01x | 110.6 | 2.03x |
| (万円) 日下部さん | 100 | 11.924 | 85.4 | 196 | 1.6 | 197.6 | 2.01x | 22.12 | 2.03x |

下半期終了時点

| | コミットメント | キャピタルコール | | 分配 | 投資評価額 | 分配+投資評価額 | 投資倍率 | キャリードインタレスト | 投資倍率 |
|---|---|---|---|---|---|---|---|---|---|
| | | うち管理費 | うち投資 | | | | 分配/キャピタルコール(DPI) | | (分配+投資資産評価額)/キャピタルコール |
| (億円) ファンド全体 | 500 | 59.62 | 427 | 988 | 0 | 988 | 2.03x | 112.2 | 2.03x |
| (億円)(１号投資案件) | | | 30 | 65 | 0 | 65 | | | |
| (億円)(２号投資案件) | | | 50 | 110 | 0 | 110 | | | |
| (億円)(３号投資案件) | | | 40 | 100 | 0 | 100 | | | |
| (億円)(４号投資案件) | | | 52 | 35 | 0 | 35 | | | |
| (億円)(５号投資案件) | | | 50 | 180 | 0 | 180 | | | |
| (億円)(６号投資案件) | | | 45 | 95 | 0 | 95 | | | |
| (億円)(７号投資案件) | | | 50 | 120 | 0 | 120 | | | |
| (億円)(８号投資案件) | | | 45 | 95 | 0 | 95 | | | |
| (億円)(９号投資案件) | | | 35 | 180 | 0 | 180 | | | |
| (億円)(10号投資案件) | | | 30 | 8 | 0 | 8 | | | |
| (万円) 佐藤さん | 500 | 59.62 | 427 | 988 | 0 | 988 | 2.03x | 112.2 | 2.03x |
| (万円) 日下部さん | 100 | 11.924 | 85.4 | 197.6 | 0 | 197.6 | 2.03x | 22.44 | 2.03x |

出所）筆者作成

**【図表５－11】　ノースビレッジ３号　最終成績**

| | | 約定額 | 払込額 | 累積分配額 | 投資倍率 | |
|---|---|---|---|---|---|---|
| | | | | | ネット | グロス |
| (億円) | ファンド全体 | 500 | 486.62 | 875.8 | 1.80x | 2.31x |
| (万円) | 佐藤さん | 500 | 486.62 | 875.8 | 1.80x | |
| (万円) | 日下部さん | 100 | 97.32 | 175.16 | 1.80x | |

出所）筆者作成

こうして、ファンド10年目の2件のエグジットにより、ファンドからの分配総額は最終的に988億円に達した。そのうち、ファンド・マネジャーであるノースビレッジに支払われたキャリード・インタレストは112・2億円だった。ノースビレッジが10年間で手にした管理報酬の総額59・6億円の1・9倍にもなった（**図表5―10**）。

さて、ノースビレッジ3号の最終成績を見てみよう（**図表5―11**）。キャリード・インタレストを除き、投資家に支払われた分配総額は876億円だった。佐藤さんへは876万円、日下部さんへは175万円が分配された。投資倍率は1・8倍だった。これはコミットメント額を分母にした数字ではなく、キャピタルコールを受けた払い込み総額486・6億円を分母にした数字だ。残りの13・4億円は、約定したが使われなかった金額、ということだ。

投資倍率1・8倍はPEファンドの成績としてどう見ればいいのか。参考までに、カルパースが投資した10年前の2011年ビンテージのPEファンド9本と比較してみよう（**図表4―3**）。これによると、Hellman & Friedman Capital Partners VIIの3・3倍、Francisco Partners IIIの3・1倍、Birch Hill Equity Partners IVの2・1倍、CalPERS Wellspring Vの1・9倍に続く成績だ。カルパースがノースビレッジ3号にこの年投資したとすると、10ファンド中5位に入ったことになる。同様にカルパースが17本のPEファンドに投資した2005年ビンテージの**図表4―4**を見ると、CVC European Equity Partners IVと同水準の8番目か9番目となる。

ノースビレッジ3号の1・8倍という結果は、抜きんでているわけではないが、上位に入る成績といえよう。

ノースビレッジ3号は架空のファンドだが、PEファンドに投資するとどのような時間軸でどのくらいの投資収益を得られるのか、大まかなイメージが湧いただろうか。

## 11 Jカーブ効果

さて、年度別にノースビレッジ3号の活動を見てきたが、投資家目線で、毎年の収入（つまりキャリード・インタレストを除いた分配）と、支出（管理報酬と投資用のキャピタルコール）だけに注目し、**図表5－12**にまとめてみた。1年目は便宜上、上半期と下半期を区別せずに通期の数字を出している。

この図表でまず気づくのは、ファンドが始まってしばらくの間は収入がなく、支出額がどんどん積み上がっていくことだ。ファンドが投資を行うためにキャピタルコールを行った結果なので当然といえば当然だ。しかし、3年目に1号投資案件がエグジットを行うまで、収入ゼロというのは、PEファンド投資に慣れていない投資家からすれば心穏やかなことではない。

しかも、ノースビレッジ3号は1号投資案件が投資後順調に評価額を伸ばし、保有期間2年で2・17倍の投資収益を得た。タイミングといい、倍率といい、これは非常に優良なエグジットだ。PEファンドによっては、1号案件がなかなかエグジットできず、投資家への分配が遅れることも多い。また、そういうイライラを誘発するのを避けるため、ファンド初期に完全株式売却ではなく部分的にエグジットを行うこともある。さらに、そもそも最初の投資案件がなかなか成立しないファンドもある。

投資家としては、投資やエグジットの推移に関心を払いながらも、どっしりと構え、ファンド・マネジャーに任

## 【図表５－12】　ノースビレッジ３号収支表　累計ベース

| | 1年目 | 2年目上半期 | 2年目下半期 | 3年目上半期 | 3年目下半期 | 4年目上半期 | 4年目下半期 |
|---|---|---|---|---|---|---|---|
| ファンド全体 500億円 | | | | | | | |
| (億円) 収入 | 0.0 | 0.0 | 0.0 | 65.0 | 65.0 | 165.0 | 165.0 |
| (億円) 支出 | 90.0 | 135.0 | 242.0 | 292.0 | 347.0 | 397.0 | 402.0 |
| (億円) キャッシュフロー | -90.0 | -135.0 | -242.0 | -227.0 | -282.0 | -232.0 | -237.0 |
| 佐藤さん 500万円 | | | | | | | |
| (万円) 収入 | 0.0 | 0.0 | 0.0 | 65.0 | 65.0 | 165.0 | 165.0 |
| (万円) 支出 | 90.0 | 135.0 | 242.0 | 292.0 | 347.0 | 397.0 | 402.0 |
| (万円) キャッシュフロー | -90.0 | -135.0 | -242.0 | -227.0 | -282.0 | -232.0 | -237.0 |
| 日下部さん 100万円 | | | | | | | |
| (万円) 収入 | 0.0 | 0.0 | 0.0 | 13.0 | 13.0 | 33.0 | 33.0 |
| (万円) 支出 | 18.0 | 27.0 | 48.4 | 58.4 | 69.4 | 79.4 | 80.4 |
| (万円) キャッシュフロー | -18.0 | -27.0 | -48.4 | -45.4 | -56.4 | -46.4 | -47.4 |

| | 5年目上半期 | 5年目下半期 | 6年目上半期 | 6年目下半期 | 7年目上半期 | 7年目下半期 |
|---|---|---|---|---|---|---|
| ファンド全体 500億円 | | | | キャリー発生 | | |
| (億円) 収入 | 310.0 | 405.0 | 405.0 | 505.4 | 581.4 | 725.4 |
| (億円) 支出 | 442.0 | 477.0 | 479.6 | 481.2 | 482.4 | 484.0 |
| (億円) キャッシュフロー | -132.0 | -72.0 | -74.6 | 24.2 | 99.1 | 241.4 |
| 佐藤さん 500万円 | | | | | | |
| (万円) 収入 | 310.0 | 405.0 | 405.0 | 505.4 | 581.4 | 725.4 |
| (万円) 支出 | 442.0 | 477.0 | 479.6 | 481.2 | 482.4 | 484.0 |
| (万円) キャッシュフロー | -132.0 | -72.0 | -74.6 | 24.2 | 99.1 | 241.4 |
| 日下部さん 100万円 | | | | | | |
| (万円) 収入 | 62.0 | 81.0 | 81.0 | 101.1 | 116.3 | 145.1 |
| (万円) 支出 | 88.4 | 95.4 | 95.9 | 96.2 | 96.5 | 96.8 |
| (万円) キャッシュフロー | -26.4 | -14.4 | -14.9 | 4.8 | 19.8 | 48.3 |

| | 8年目上半期 | 8年目下半期 | 9年目上半期 | 9年目下半期 | 10年目上半期 | 10年目下半期 |
|---|---|---|---|---|---|---|
| ファンド全体 500億円 | | | | | | |
| (億円) 収入 | 725.4 | 725.4 | 725.4 | 725.4 | 869.4 | 875.8 |
| (億円) 支出 | 484.7 | 485.3 | 486.0 | 486.6 | 486.6 | 486.6 |
| (億円) キャッシュフロー | 240.7 | 240.1 | 239.4 | 238.8 | 382.8 | 389.2 |
| 佐藤さん 500万円 | | | | | | |
| (万円) 収入 | 725.4 | 725.4 | 725.4 | 725.4 | 869.4 | 875.8 |
| (万円) 支出 | 484.7 | 485.3 | 486.0 | 486.6 | 486.6 | 486.6 |
| (万円) キャッシュフロー | 240.7 | 240.1 | 239.4 | 238.8 | 382.8 | 389.2 |
| 日下部さん 100万円 | | | | | | |
| (万円) 収入 | 145.1 | 145.1 | 145.1 | 145.1 | 173.9 | 175.2 |
| (万円) 支出 | 96.9 | 97.1 | 97.2 | 97.3 | 97.3 | 97.3 |
| (万円) キャッシュフロー | 48.1 | 48.0 | 47.9 | 47.8 | 76.6 | 77.8 |

出所）筆者作成

【図表5－13】　ノースビレッジ3号キャッシュフロー

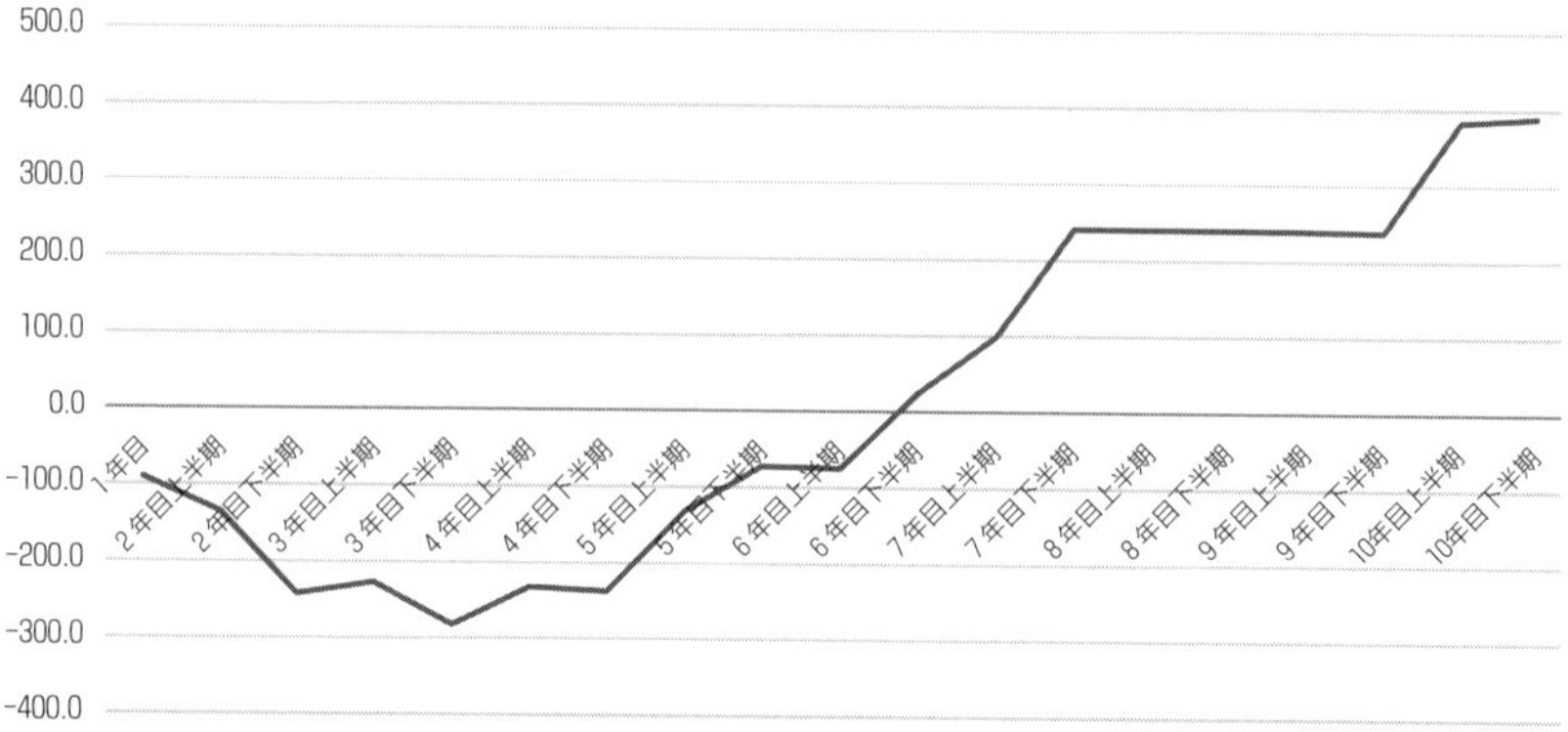


出所）筆者作成

せる姿勢が重要となる。繰り返しになるが、投資家のなかには機関投資家でさえも、投資やエグジットのペースに過剰反応する向きもある。

さらに、表中のノースビレッジ3号のキャッシュフローを見ていくと、累積収入が累積支出を上回り、キャッシュフローがプラスになるタイミングは6年目下半期だった。仮にこのファンドがディール・バイ・ディールのキャリード・インタレストだったとしたら、エグジットごとの収入額は表中より2割ずつ目減りしていただろうが、この6年目下半期のタイミングでキャッシュフローがプラスに転じていたことには変わりがない。

このような、半期ごとのキャッシュフローの推移を折れ線グラフにしてみた。このようにファンドの前半にはキャッシュフローがマイナス、後半にプラスに転じ、さらに伸びていくパターンは、PEファンドの投資として典型なのだ。これを、PEファンド投資におけるJカーブ効果と呼ぶ（**図表5－13**）。投資家は、このようなJカーブ効果を見越してPEファンドへの投資を行う。

一方、PEファンドへの投資に消極的な投資家は、このJカーブ効果を嫌っているケースも多い。「どうせファンド存続期間中、10年資金を取り出せないのであれば、その間キャッシュフローがマイナスになってもいいじゃないか」と思う人もいるだろうが、大企業や年金基金のような機関投資家のなかには、そうは問屋が卸さない場合もある。特に、四半期に1度のバランスシートが投資家の目に晒される上場企業はそうだ。また、年金基金、特に日本の年金基金のように、少子高齢化が進み、給付額がどんどん膨んでいる状況だと、現金を手元に持っておきたい、向こう何年間もキャッシュフローがマイナスになるＰＥファンドへのコミットメントを行う余裕が持てない、と考えがちだろう。

もちろん、Ｊカーブを特に問題視しない機関投資家も多い。

一方、個人投資家はどうか。グラフ中の左軸の数字こそ違えど、佐藤さん、日下部さんを含むすべての投資家が同じキャッシュフローの推移を経験する。つまり、6年目上半期まではキャッシュフローはマイナス、6年目下半期からプラスに転じる、ということだ。**図表5－12**にもあるように、500万円のコミットメントを行った佐藤さんは、3年目下半期にキャッシュフローのマイナスが最大282万円となり、6年目下半期に初めて24万円のプラスに転じ、最終的には累計389万円のプラスとなった。同様に、100万円のコミットメントを行った日下部さんは、3年目下半期にキャッシュフローのマイナスが最大56万円となり、6年目下半期に初めて4万円のプラスに転じ、最終的には累計75万円のプラスとなった。

個人投資家として、こういう10年越しのＪカーブ効果をどうとらえるかは各々違うだろう。10年単位でこれだけの投資収益が上がれば上々、という考え方が1つ。それだけでなく、「10年間投資の取捨選択をせず、株価とにらめっこせず、キャピタルコールに応えるだけでこれだけ儲かる」という考え方もできる。

一方、こういったＪカーブの仕組みをちゃんと理解できずにＰＥファンドにコミットメントを行ってしまえば、1、2、3年目とキャッシュフローのマイナスが続くことに不安を覚える個人投資家もいるはずだ。また、ノースビレッジ3号のような、比較的順調なペースで分配が行われることのないファンドに投資してしまうと、キャッシュフローがなかなかプラスに転じないことにイライラが募ることもあろう。

【図表5－14】 国民年金キャッシュフロー

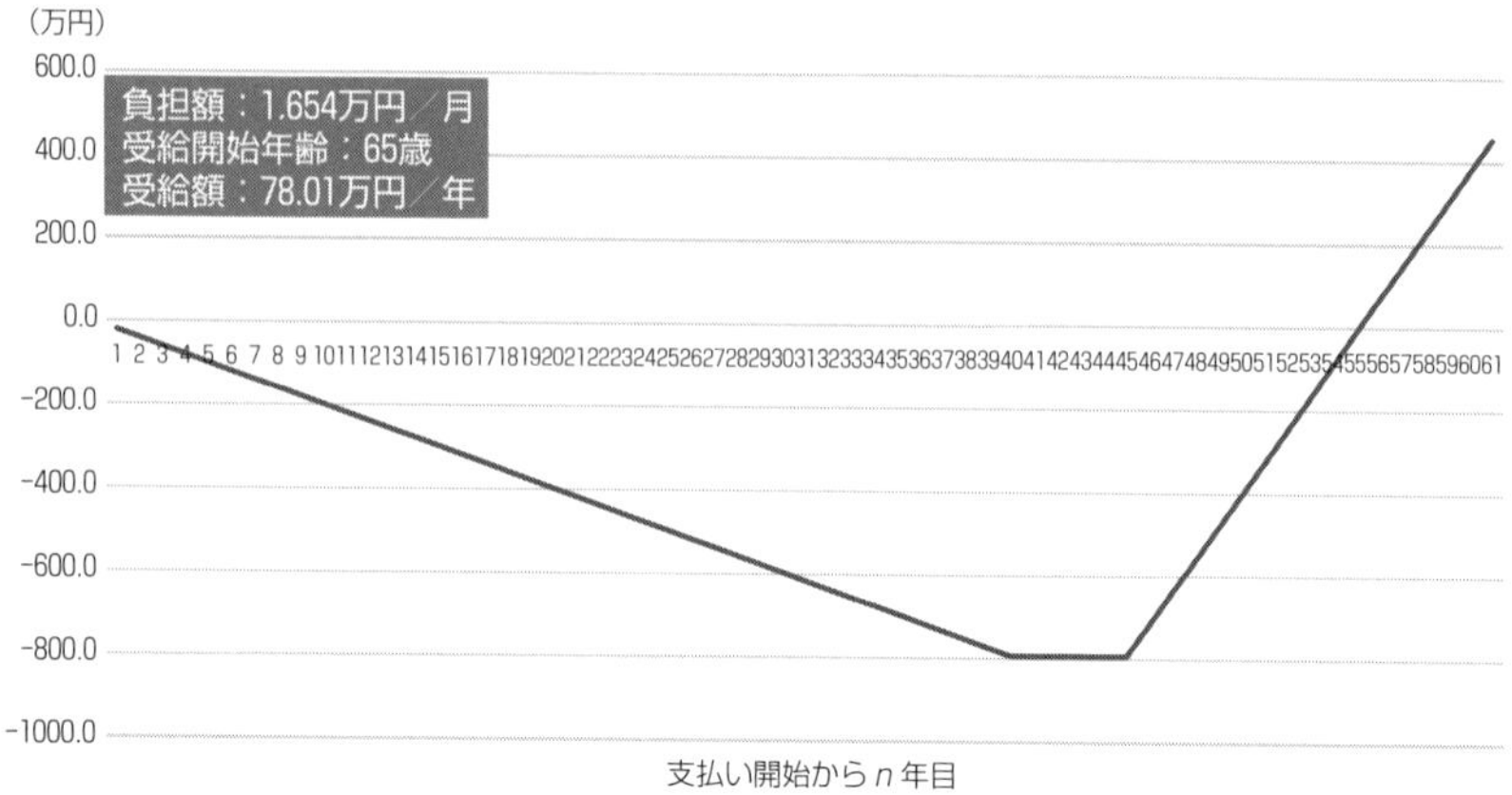


出所）筆者作成

こうしたことから「Ｊカーブは嫌だ。だからＰＥファンドへの投資は嫌だ」と考える個人投資家は、年金基金の払い込みと受給の仕組みと比較してみてはどうだろうか。

年金基金は、成人してから少しずつ毎月負担し、65歳に達したら受給が始まる仕組みだ。国民年金を例にとって、グラフ化してみよう（**図表５－14**）。

２０２１年１月現在、国民年金は毎月１万６５４０円の負担を20歳からまるまる40年続け、65歳から年額78万１００円を月単位で受け取る仕組みになっている。これが向こう60年続くと仮定する。

**図表５－14**のとおり、１年目から40年目まではどんどん負担額が一定割合で増えていく。60歳に達した頃には、累積７９４万円に達している。65歳から受給が始まり、仮に80歳まで生きたとすると、累積１２４８万円の収入を得る。７９４万円の負担額を差し引くと、４５４万円のキャッシュフロー・プラスとなる。キャッシュフローがプラスに転じるのは、56年目の64万円が初めてのこととなる。20歳から国民年金の支払いを始めたとすると、75歳に初めてキャッシュフローがプラスに転じる計算となる。実にダイナミックなＪカーブといえる。これに比べると、ＰＥファ

ンドの10年単位のＪカーブなど、かわいいものだろう。

それでも、年金基金は、支払いを一気に行うのではなく、毎月少しずつ負担できる、というメリットがある。延々と40年かけて払えばいいのだ。

そこで、以下のような仮定条件でシミュレーションを考えてみた。
- ノースビレッジ３号に20万円のコミットメントを行う。
- 翌年、50万円のコミットメントを別のＰＥファンド「ファンドＡ」に行う。
- 以降、毎年新たなＰＥファンド１本に対して50万円のコミットメントを行う。
- すべてのＰＥファンドが、ノースビレッジ３号と同様の収支キャッシュフローを毎年たどっていく。
- 累積収入１２４８万円（国民年金を４０年間払い続け、80歳までに累積して受け取れる金額）に達するまで、これを続ける。

その結果が、**図表５－15**となる。

## 【図表5－15】 国民年金の累計収入に追いつくまでのシミュレーション

| ファンドn本目 | ファンド名 | 開始年数 | | 1 | 2 | 3 | 4 | 5 | 6 | 7 | 8 | 9 | 10 | 11 | 12 | 13 | 14 | 15 | 16 | 17 | 18 | 19 | 20 | 21 | 22 | 23 | 24 |
|---|---|---|---|---|---|---|---|---|---|---|---|---|---|---|---|---|---|---|---|---|---|---|---|---|---|---|---|
| | コミットメント額 | 年 | | 2025 | 2026 | 2027 | 2028 | 2029 | 2030 | 2031 | 2032 | 2033 | 2034 | 2035 | 2036 | 2037 | 2038 | 2039 | 2040 | 2041 | 2042 | 2043 | 2044 | 2045 | 2046 | 2047 | 2048 |
| 1 | ノースビレッジ3号 | (万円) | 収入 | 0.00 | 0.00 | 2.60 | 6.60 | 16.20 | 20.22 | 29.02 | 29.02 | 29.02 | 35.03 | | | | | | | | | | | | | | |
| | コミットメント20万円 | (万円) | 支出 | 3.60 | 9.68 | 13.88 | 16.08 | 19.08 | 19.35 | 19.56 | 19.74 | 19.88 | 19.95 | | | | | | | | | | | | | | |
| | | (万円) | キャッシュフロー | -3.60 | -9.68 | -11.28 | -9.48 | -2.88 | 0.87 | 9.45 | 9.27 | 9.13 | 15.08 | | | | | | | | | | | | | | |
| 2 | ファンドA | (万円) | 収入 | | 0.00 | 0.00 | 6.50 | 16.50 | 40.50 | 50.54 | 72.54 | 72.54 | 72.54 | 87.58 | | | | | | | | | | | | | |
| | コミットメント50万円 | (万円) | 支出 | | 9.00 | 24.20 | 34.70 | 40.20 | 47.70 | 48.37 | 48.91 | 49.36 | 49.71 | 49.89 | | | | | | | | | | | | | |
| | | (万円) | キャッシュフロー | | -9.00 | -24.20 | -28.20 | -23.70 | -7.20 | 2.17 | 23.63 | 23.18 | 22.83 | 37.69 | | | | | | | | | | | | | |
| 3 | ファンドB | (万円) | 収入 | | | 0.00 | 0.00 | 6.50 | 16.50 | 40.50 | 50.54 | 72.54 | 72.54 | 72.54 | 87.58 | | | | | | | | | | | | |
| | コミットメント50万円 | (万円) | 支出 | | | 9.00 | 24.20 | 29.20 | 40.20 | 47.70 | 48.37 | 48.91 | 49.36 | 49.71 | 49.89 | | | | | | | | | | | | |
| | | (万円) | キャッシュフロー | | | -9.00 | -24.20 | -22.70 | -23.70 | -7.20 | 2.17 | 23.63 | 23.18 | 22.83 | 37.69 | | | | | | | | | | | | |
| 4 | ノースビレッジ4号 | (万円) | 収入 | | | | 0.00 | 0.00 | 6.50 | 16.50 | 40.50 | 50.54 | 72.54 | 72.54 | 72.54 | 87.58 | | | | | | | | | | | |
| | コミットメント50万円 | (万円) | 支出 | | | | 9.00 | 24.20 | 29.20 | 40.20 | 47.70 | 48.37 | 48.91 | 49.36 | 49.71 | 49.89 | | | | | | | | | | | |
| | | (万円) | キャッシュフロー | | | | -9.00 | -24.20 | -22.70 | -23.70 | -7.20 | 2.17 | 23.63 | 23.18 | 22.83 | 37.69 | | | | | | | | | | | |
| 5 | ファンドC | (万円) | 収入 | | | | | 0.00 | 0.00 | 6.50 | 16.50 | 40.50 | 50.54 | 72.54 | 72.54 | 72.54 | 87.58 | | | | | | | | | | |
| | コミットメント50万円 | (万円) | 支出 | | | | | 9.00 | 24.20 | 29.20 | 40.20 | 47.70 | 48.37 | 48.91 | 49.36 | 49.71 | 49.89 | | | | | | | | | | |
| | | (万円) | キャッシュフロー | | | | | -9.00 | -24.20 | -22.70 | -23.70 | -7.20 | 2.17 | 23.63 | 23.18 | 22.83 | 37.69 | | | | | | | | | | |
| 6 | ファンドD | (万円) | 収入 | | | | | | 0.00 | 0.00 | 6.50 | 16.50 | 40.50 | 50.54 | 72.54 | 72.54 | 72.54 | 87.58 | | | | | | | | | |
| | コミットメント50万円 | (万円) | 支出 | | | | | | 9.00 | 24.20 | 29.20 | 40.20 | 47.70 | 48.37 | 48.91 | 49.36 | 49.71 | 49.89 | | | | | | | | | |
| | | (万円) | キャッシュフロー | | | | | | -9.00 | -24.20 | -22.70 | -23.70 | -7.20 | 2.17 | 23.63 | 23.18 | 22.83 | 37.69 | | | | | | | | | |
| 7 | ノースビレッジ5号 | (万円) | 収入 | | | | | | | 0.00 | 0.00 | 6.50 | 16.50 | 40.50 | 50.54 | 72.54 | 72.54 | 72.54 | 87.58 | | | | | | | | |
| | コミットメント50万円 | (万円) | 支出 | | | | | | | 9.00 | 24.20 | 29.20 | 40.20 | 47.70 | 48.37 | 48.91 | 49.36 | 49.71 | 49.89 | | | | | | | | |
| | | (万円) | キャッシュフロー | | | | | | | -9.00 | -24.20 | -22.70 | -23.70 | -7.20 | 2.17 | 23.63 | 23.18 | 22.83 | 37.69 | | | | | | | | |
| 8 | ファンドE | (万円) | 収入 | | | | | | | | 0.00 | 0.00 | 6.50 | 16.50 | 40.50 | 50.54 | 72.54 | 72.54 | 72.54 | 87.58 | | | | | | | |
| | コミットメント50万円 | (万円) | 支出 | | | | | | | | 9.00 | 24.20 | 29.20 | 40.20 | 47.70 | 48.37 | 48.91 | 49.36 | 49.71 | 49.89 | | | | | | | |
| | | (万円) | キャッシュフロー | | | | | | | | -9.00 | -24.20 | -22.70 | -23.70 | -7.20 | 2.17 | 23.63 | 23.18 | 22.83 | 37.69 | | | | | | | |
| 9 | ファンドF | (万円) | 収入 | | | | | | | | | 0.00 | 0.00 | 6.50 | 16.50 | 40.50 | 50.54 | 72.54 | 72.54 | 72.54 | 87.58 | | | | | | |
| | コミットメント50万円 | (万円) | 支出 | | | | | | | | | 9.00 | 24.20 | 29.20 | 40.20 | 47.70 | 48.37 | 48.91 | 49.36 | 49.71 | 49.89 | | | | | | |
| | | (万円) | キャッシュフロー | | | | | | | | | -9.00 | -24.20 | -22.70 | -23.70 | -7.20 | 2.17 | 23.63 | 23.18 | 22.83 | 37.69 | | | | | | |
| 10 | ノースビレッジ6号 | (万円) | 収入 | | | | | | | | | | 0.00 | 0.00 | 6.50 | 16.50 | 40.50 | 50.54 | 72.54 | 72.54 | 72.54 | 87.58 | | | | | |
| | コミットメント50万円 | (万円) | 支出 | | | | | | | | | | 9.00 | 24.20 | 29.20 | 40.20 | 47.70 | 48.37 | 48.91 | 49.36 | 49.71 | 49.89 | | | | | |
| | | (万円) | キャッシュフロー | | | | | | | | | | -9.00 | -24.20 | -22.70 | -23.70 | -7.20 | 2.17 | 23.63 | 23.18 | 22.83 | 37.69 | | | | | |
| 11 | ファンドG | (万円) | 収入 | | | | | | | | | | | 0.00 | 0.00 | 6.50 | 16.50 | 40.50 | 50.54 | 72.54 | 72.54 | 72.54 | 87.58 | | | | |
| | コミットメント50万円 | (万円) | 支出 | | | | | | | | | | | 9.00 | 24.20 | 29.20 | 40.20 | 47.70 | 48.37 | 48.91 | 49.36 | 49.71 | 49.89 | | | | |
| | | (万円) | キャッシュフロー | | | | | | | | | | | -9.00 | -24.20 | -22.70 | -23.70 | -7.20 | 2.17 | 23.63 | 23.18 | 22.83 | 37.69 | | | | |
| 12 | ファンドH | (万円) | 収入 | | | | | | | | | | | | 0.00 | 0.00 | 6.50 | 16.50 | 40.50 | 50.54 | 72.54 | 72.54 | 72.54 | 87.58 | | | |
| | コミットメント50万円 | (万円) | 支出 | | | | | | | | | | | | 9.00 | 24.20 | 29.20 | 40.20 | 47.70 | 48.37 | 48.91 | 49.36 | 49.71 | 49.89 | | | |
| | | (万円) | キャッシュフロー | | | | | | | | | | | | -9.00 | -24.20 | -22.70 | -23.70 | -7.20 | 2.17 | 23.63 | 23.18 | 22.83 | 37.69 | | | |
| 13 | ノースビレッジ7号 | (万円) | 収入 | | | | | | | | | | | | | 0.00 | 0.00 | 6.50 | 16.50 | 40.50 | 50.54 | 72.54 | 72.54 | 72.54 | 87.58 | | |
| | コミットメント50万円 | (万円) | 支出 | | | | | | | | | | | | | 9.00 | 24.20 | 29.20 | 40.20 | 47.70 | 48.37 | 48.91 | 49.36 | 49.71 | 49.89 | | |
| | | (万円) | キャッシュフロー | | | | | | | | | | | | | -9.00 | -24.20 | -22.70 | -23.70 | -7.20 | 2.17 | 23.63 | 23.18 | 22.83 | 37.69 | | |
| 14 | ファンドI | (万円) | 収入 | | | | | | | | | | | | | | 0.00 | 0.00 | 6.50 | 16.50 | 40.50 | 50.54 | 72.54 | 72.54 | 72.54 | 87.58 | |
| | コミットメント50万円 | (万円) | 支出 | | | | | | | | | | | | | | 9.00 | 24.20 | 29.20 | 40.20 | 47.70 | 48.37 | 48.91 | 49.36 | 49.71 | 49.89 | |
| | | (万円) | キャッシュフロー | | | | | | | | | | | | | | -9.00 | -24.20 | -22.70 | -23.70 | -7.20 | 2.17 | 23.63 | 23.18 | 22.83 | 37.69 | |
| 15 | ファンドJ | (万円) | 収入 | | | | | | | | | | | | | | | 0.00 | 0.00 | 6.50 | 16.50 | 40.50 | 50.54 | 72.54 | 72.54 | 72.54 | 87.58 |
| | コミットメント50万円 | (万円) | 支出 | | | | | | | | | | | | | | | 9.00 | 24.20 | 29.20 | 40.20 | 47.70 | 48.37 | 48.91 | 49.36 | 49.71 | 49.89 |
| | | (万円) | キャッシュフロー | | | | | | | | | | | | | | | -9.00 | -24.20 | -22.70 | -23.70 | -7.20 | 2.17 | 23.63 | 23.18 | 22.83 | 37.69 |
| 合計 | | (万円) | 収入 | 0.00 | 0.00 | 2.60 | 13.10 | 39.20 | 83.72 | 143.06 | 215.60 | 288.14 | 366.69 | 454.27 | 541.85 | 629.43 | 717.01 | 804.59 | 892.17 | 979.75 | 1060.83 | 1131.91 | 1178.99 | 1216.03 | 1231.07 | 1246.11 | 1261.15 |
| | | (万円) | 支出 | 3.60 | 18.68 | 47.08 | 83.98 | 121.68 | 169.65 | 218.24 | 267.33 | 316.83 | 366.61 | 416.49 | 466.38 | 516.27 | 566.16 | 616.04 | 656.93 | 682.62 | 703.30 | 712.99 | 715.18 | 716.69 | 717.67 | 718.20 | 718.37 |
| | | (万円) | キャッシュフロー | -3.60 | -18.68 | -44.48 | -70.88 | -82.48 | -85.93 | -75.18 | -51.73 | -28.69 | 0.08 | 37.78 | 75.47 | 113.16 | 150.86 | 188.55 | 235.24 | 297.14 | 357.53 | 418.92 | 463.81 | 499.34 | 513.40 | 527.91 | 542.78 |

出所）筆者作成

【図表５−16】　PEファンド15本　Jカーブ

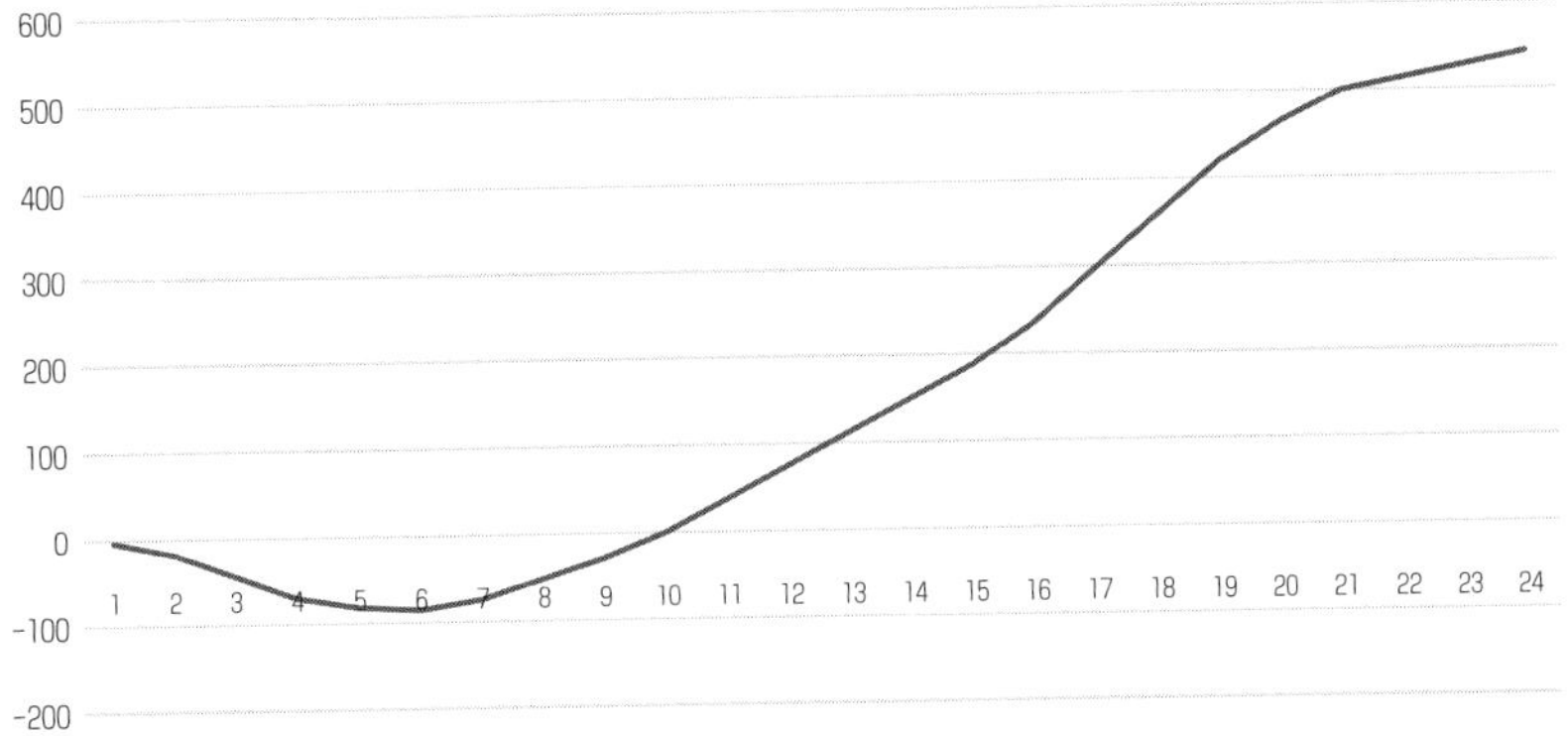


出所）筆者作成

このとおり、収入が１２４８万円に達するのにかかったファンド投資本数は15本、年数は24年だった。国民年金の40年より大幅に短い。それどころか、24年目の時点におけるキャッシュフローはプラス５４３万円で、国民年金61年目（80歳）の時点の４５４万円を上回っている。このように、もし、同じ年額50万円を毎年ＰＥファンドへのコミットメントとして40年間支払い続ければ、国民年金の収支を大幅に上回ることになるだろう。

このＰＥファンド15本のキャッシュフローをグラフ化してみたのが**図表５−16**となる。Ｊカーブは確かに認められるが、キャッシュフローは9年目を最後にマイナスから脱却する。

さらに、国民年金とＰＥファンド15本のキャッシュフローを同じグラフにしてみると、**図表５−17**のようになる。ＰＥファンド15本へのコミットメントの方が、国民年金のＪカーブよりはるかに浅く、投資収益が速いことが一目瞭然だろう。

もちろん、ＰＥファンド15本が、すべてノースビレッジ３号とまったく同じ収支額を毎年繰り返すことなどあり得ない。ノースビレッジ３号よりキャピタルコールが速かったり遅かったり、分配が速かったり遅かったり、投資収益もより高かったり低かったりする。また、10年以上ファンドが続いてしまうこともある。あくまでこれは仮定のグ

【図表５－17】　キャッシュフローシミュレーション：国民年金 vs PEファンド15本

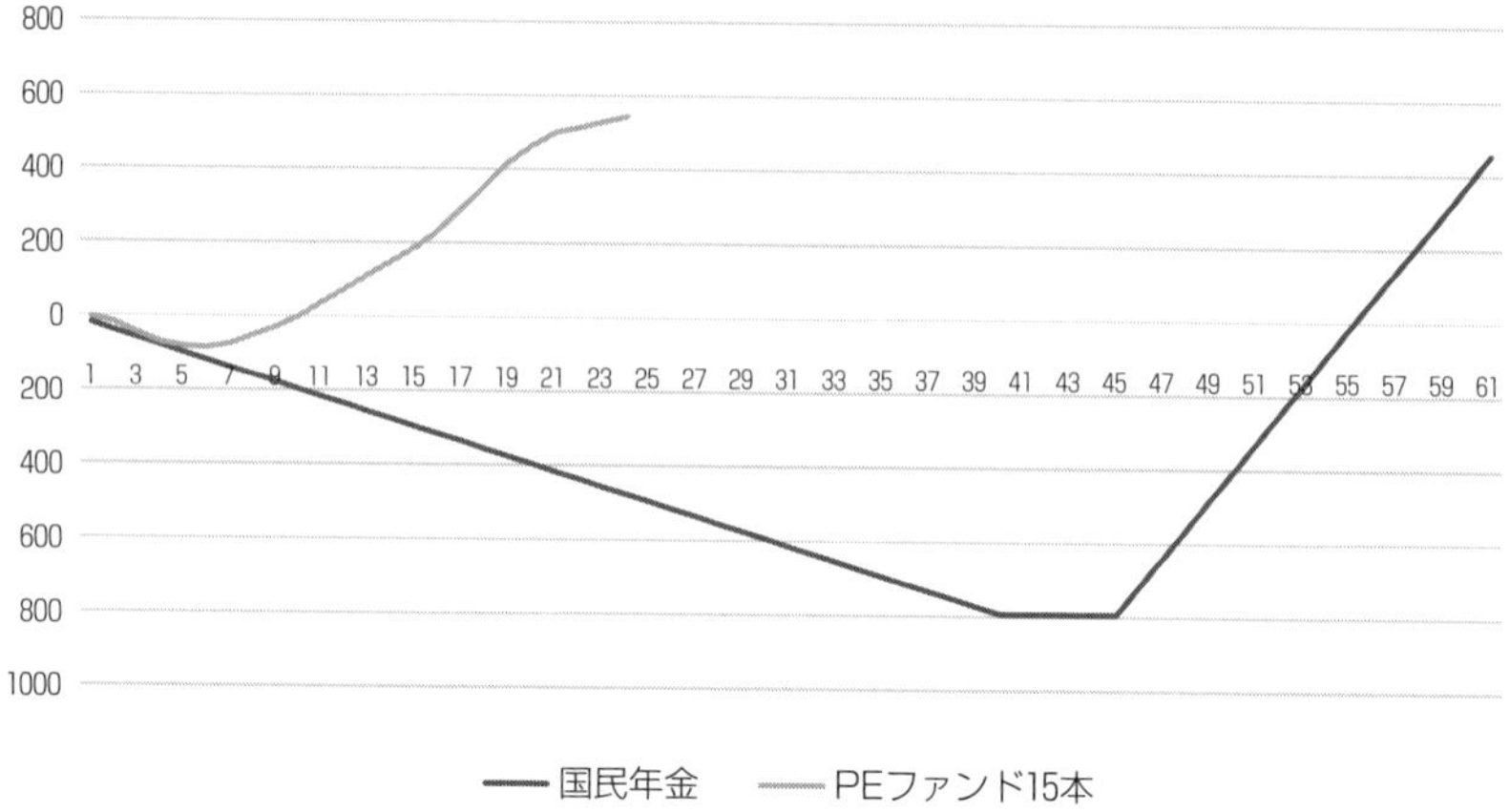


出所）筆者作成

ラフだ。ただし、一連のカルパースのファンドごとのパフォーマンス表（**図表４－２、４－３、４－４**）で見たように、ノースビレッジ3号より投資収益の高いファンドは存在するので、この15本のＰＥファンドの成績は、夢物語というほど非現実的でもない。

それに、お気づきだと思うが、グラフで示された国民年金の仮定条件もかなり非現実的とはいえないだろうか。まず、少子高齢化がさらに加速すると予想されるなか、今後40年間、毎月の負担額が１万６５４０円のままで保たれる可能性はほとんどないのではないだろうか。負担額が増えるということはつまり、Ｊカーブがより深まることを意味する。また、40年後、受給開始年齢が65歳のままであることも考えにくい。

そもそも、65歳や80歳まで生存できるかできないかは、大いに個人差がある。払い続けたまま受給することなしに生涯を終えてしまう人たちも、残念ながら多いだろう。

毎年50万円のコミットメントを合計15本のＰＥファンドに行い、すべてのファンドがノースビレッジ3号とまったく同じキャッシュフローを毎年上げることが非現実的ならば、国民年金が今の制度のまま61年間続くと予測するのも非現実的とはいえないだろうか。

そういった非現実性を差し引いても、**図表５－17**のとおり、両者のＪカーブの差は大きい。いかに非現実的な想定だとしても、つまるところ、ＰＥファンドは10～12年程度で存続期間が終わる。それに、年金はどう転んでも支給年齢が65歳、つまり仕込み期間が40年もあるし、支給年齢がこれから70歳へと延びる可能性だってある。Ｊカーブの深さという点では、年金の方がはるかに大きいといっていいだろう。

ＰＥファンド投資で１２４８万円の収入を得るには、このシミュレーションでは24年なので、これを個人で管理する民間年金と考えれば、20歳から始めてもいいし、40歳から始めてもいいということになる。

「国民年金は負担額も小さいし受給額も小さい。もっといい企業年金は山ほどある」という声も聞こえそうだ。しかし、より年金の負担額を支払える余裕がある人は、より大きなコミットメントをＰＥファンドに行える余裕もあるだろう。

そして、この両者の比較グラフは、大変重要な示唆をもう1つ与えてくれる。それは、われわれ国民が漏れなく投資している年金基金が、ＰＥファンドに投資をしているにもかかわらず、これだけのＪカーブの差が両者に生まれるということだ。年金基金がＰＥファンドに投資しているのに、ＰＥファンド投資によって本来もたらされている投資収益を、われわれのような最終投資家が享受していないということだろう。

これにはさまざまな理由があろう。しかし結果的に、年金基金のリターンがＰＥファンドのリターンを下回っていることに注目すべきだろう。

何も、だから年金基金を廃止して皆ＰＥファンドに投資しよう、と主張しているのではない。しかし、現状ＰＥファンドの最終投資家でもあるわれわれ国民が、ＰＥファンドに直接投資できる手段があってもいいのではないか。ＰＥファンドが生み出している、より優れた投資収益を直接享受する機会があれば、もっといいのではないか。そうしないともったいないのではないか。そういう考え方ができないか。

【図表5－18】　ノースビレッジ3号の佐藤さんの収支表　累計ベース

（万円）

| コミットメント500 | 1年目 | 2年目上半期 | 2年目下半期 | 3年目上半期 | 3年目下半期 | 4年目上半期 | 4年目下半期 |
|---|---|---|---|---|---|---|---|
| 収入 | 0.0 | 0.0 | 0.0 | 65.0 | 65.0 | 165.0 | 165.0 |
| 支出 | 90.0 | 135.0 | 242.0 | 292.0 | 347.0 | 397.0 | 402.0 |
| キャッシュフロー | -90.0 | -135.0 | -242.0 | -227.0 | -282.0 | -232.0 | -237.0 |

| コミットメント500 | 5年目上半期 | 5年目下半期 | 6年目上半期 | 6年目下半期 | 7年目上半期 | 7年目下半期 |
|---|---|---|---|---|---|---|
| 収入 | 310.0 | 405.0 | 405.0 | 505.4 | 581.4 | 725.4 |
| 支出 | 442.0 | 477.0 | 479.6 | 481.2 | 482.4 | 484.0 |
| キャッシュフロー | -132.0 | -72.0 | -74.6 | 24.2 | 99.1 | 241.4 |

| コミットメント500 | 8年目上半期 | 8年目下半期 | 9年目上半期 | 9年目下半期 | 10年目上半期 | 10年目下半期 | 投資倍率 |
|---|---|---|---|---|---|---|---|
| 収入 | 725.4 | 725.4 | 725.4 | 725.4 | 869.4 | 875.8 | |
| 支出 | 484.7 | 485.3 | 486.0 | 486.6 | 486.6 | 486.6 | |
| キャッシュフロー | 240.7 | 240.1 | 239.4 | 238.8 | 382.8 | 389.2 | 1.80x |

出所）筆者作成

## 12　佐藤さんのセカンダリー売却

最後に、このノースビレッジ3号のシミュレーションを使ってセカンダリー売却の事例を説明しよう。

**図表5－18**は、500万円のコミットメントを行った佐藤さんの半期別収支キャッシュフローを示したものだ。累積収入に注目すると、7年目下半期から9年目下半期までの2年間、725・4万円のままだったことがわかる。7年目下半期、ノースビレッジ3号は5号投資案件を終え、3年を残して9号、10号投資案件のエグジットを残すのみとなっていた。この時点で、9号投資案件は35億円の投資金額に対して評価額95億円、10号投資案件は30億円の投資金額に対して評価額20億円となっていた（**図表5－7**）。3年を残し、焦る必要はないと考えていたノースビレッジは、じっくり時間をかけて残り2社の投資の評価額を上げようと考えていた。

この状況で、投資家の態度は分かれる。大方の投資家はそのまま10年間待って、9、10号投資案件の投資収益の最大化を期待しようと考える。

しかし、あと3年を待たずに、残っている資産を現金化しようと考える投資家もいる。そう考える理由としては、さまざまなものがある。たとえば、現金化が必要な懐事情がある場合だ。個人でもそうだが、年金基金など、支払いニーズに迫られる場合もある。

ノースビレッジ3号の場合だと、7年目終了時点で、残り3年あるとはいえ、すでに払い込み金額の１・65倍の分配を受け取っていることから、セカンダリーで売りやすいという事情もある。9、10号投資案件の合計投資額は65億円、評価額は１１5億円なので、１１5億円を多少ディスカウントで売却したとしても、累積分配額は上積みされるので、１・65倍はさらに高くなる。

８年目上半期、9号投資案件は90億円から１００億円へと評価額を伸ばしたが、10号投資案件は20億円から18億円と評価額をさらに下げた。ノースビレッジは当分この2社を売却する意思がない。

そこで佐藤さんは、合計評価額１１8億円の2投資案件を買ってくれるセカンダリー・ファンドを探した。佐藤さんのコミットメントは５００万円なので、１１8万円という計算になる。その結果、１１8万円の2割である94・４万円で購入するセカンダリー・ファンドと契約が成立した。残りのファンド存続期間中、セカンダリー・ファンドは佐藤さんの５００万円コミットメントを引き継ぎ、新たな投資家となって管理報酬を支払い、キャリード・インタレストを差し引いた分配を受け取ることになる。

佐藤さんとセカンダリー・ファンドの収支キャッシュフローは、**図表5－19**のようになる。

佐藤さんは、８年目下半期に9、10号投資案件を94・４万円で売却したので、それまでの分配総額７２5・４万円と合わせて８１9・8万円の収入をノースビレッジ3号へのコミットメントによって得たことになる。管理報酬を支払ったのは8年目上半期までなので、払い込み金額は４9１・6万円だった。つまり、払い込み金額に対して、１・67倍の投資収益を8年間で上げたことになる。

佐藤さんが、もしセカンダリー売却を行わず、10年目まで持っていたとすると、10年間で投資収益１・8倍を上げていた。8年間で１・67倍と10年間で１・8倍というのは、甲乙つけ難い結果といえる。

【図表5－19】 ノースビレッジ3号の佐藤さんが8年目下半期にセカンダリー売却した場合の収支表　累計ベース

（万円）

| コミットメント500 | 1年目 | 2年目上半期 | 2年目下半期 | 3年目上半期 | 3年目下半期 | 4年目上半期 | 4年目下半期 |
|---|---|---|---|---|---|---|---|
| 収入 | 0.0 | 0.0 | 0.0 | 65.0 | 65.0 | 165.0 | 165.0 |
| 支出 | 90.0 | 135.0 | 242.0 | 292.0 | 347.0 | 397.0 | 402.0 |
| キャッシュフロー | -90.0 | -135.0 | -242.0 | -227.0 | -282.0 | -232.0 | -237.0 |

| コミットメント500 | 5年目上半期 | 5年目下半期 | 6年目上半期 | 6年目下半期 | 7年目上半期 | 7年目下半期 | 8年目上半期 | 8年目下半期 | 投資倍率 |
|---|---|---|---|---|---|---|---|---|---|
| 収入 | 310.0 | 405.0 | 405.0 | 505.4 | 581.4 | 725.4 | 725.4 | 819.8 | |
| 支出 | 442.0 | 477.0 | 480.8 | 483.7 | 486.7 | 489.1 | 491.6 | 491.6 | |
| キャッシュフロー | -132.0 | -72.0 | -75.8 | 21.7 | 94.7 | 236.3 | 233.8 | 328.2 | 1.67x |

| | |
|---|---|
| 残存資産評価額 | 118.0 |
| 売却ディスカウント | 0.2x |
| 売却額 | 94.4 |

佐藤さんからコミットメントを引き継いだセカンダリーファンドの収支表

| コミットメント500 | 8年目下半期 | 9年目上半期 | 9年目下半期 | 10年目上半期 | 10年目下半期 | 投資倍率 |
|---|---|---|---|---|---|---|
| 収入 | 0 | 0 | 0 | 180 | 188 | |
| 支出 | 95.05 | 95.7 | 96.35 | 96.35 | 96.35 | |
| キャッシュフロー | -95.05 | -95.7 | -96.35 | 83.65 | 91.65 | 1.95x |

出所）筆者作成

一方、8年目下半期に佐藤さんからファンドのコミットメントを購入したセカンダリー・ファンドは、以降管理報酬を払い続け、10年目に9、10号投資案件のエグジットによる分配を受け取った。合計分配額は188万円だった。佐藤さんに支払った金額は94・4万円、その後支払った管理報酬と合わせると96・35万円の払い込みだったので、投資収益は1・95倍にもなった。2年半で1・95倍の収益を上げたので、投資としては大成功といえる。9号投資案件が佐藤さんから買った当時120億円の評価額だったのが最終的に180億円でエグジットしたことが大きい。

よって、このセカンダリー案件は売り手の佐藤さんの早期エグジット、買い手のセカンダリー・ファンドの短期リターン達成という、両者ウイン・ウインの結果となった。

# おわりに

本書の執筆を思い立ったのは、会社員を辞めて独立を決断した2020年10月のことだった。当初は、PEファンドに出資を行う機関投資家のバックにいる「われわれ」の存在を指摘し、その「われわれ」が目を向けるべきPEファンドの仕組みや動向を、投資家目線で解説するのが執筆のテーマだった。

いま振り返ると、ちょうど新型コロナが猛威を振るっていた当時、フィンテックによるPEファンド投資の小口化が世界的トレンドになりつつあるころだった。アイキャピタルに代表されるフィンテック・プレーヤーが、大口プロ投資家の専売特許だったPEファンド投資に革命をもたらそうと創業したのは2010年代前半のことだが、これほどまでに全世界的広がりを急進させてきたのは、移動制限を伴った新型コロナの影響が大きい。従来、足を運んで投資先PEファンドを選定するというアナログの世界から、劇的な一歩を踏み出したわけだ。

この激流のなか、本書の内容は毎月のように細かい調整を入れなければならなくなった。書けば書くほど、フィンテック・プレーヤーによる新しい資金調達やサービス拡大のニュースが入ってきて、その都度、内容を一新しなければならなかった。

このように、PE革命はまさに現在進行形であり、WEB3.0の時代に入った世界では、PEファンド投資を行うプラットフォームが主流になるどころか、現在では想像できないサービスを今後提供していくことだろう。

PEファンドと投資家の関係は、今後劇的に変化する。本書は、その潮流に読者を少しでも近づけようとする努力の試みである。世の中の変化が速すぎて、本書で書いたことが近い将来、風化することを恐れながらも楽しみにしている。

本書の執筆にあたり、18年前に前著『銀行が行うバイアウト・ビジネス』を出版して以来ご無沙汰していたにもかかわらず、誠意をもってアドバイスを送って頂き、出版へと導いて頂いた中央経済社の和田豊氏に感謝の意を表明したい。

ライターの和田勉氏には執筆初期で激励とアドバイスを頂いた。この場を借りて謝意を伝えたい。

また、ＬＵＣＡジャパン株式会社の創業、その後の事業展開のなかで、同社の共同創業者であるHeadline Asiaの田中章雄氏とＣＥＯのシデナム慶子氏とのディスカッションや情報交換が、結果的に本書の内容に大きく影響した。そのことも記しておきたい。

２０２２年７月

北村　元哉

## 著者紹介


### 北村　元哉（きたむら　もとや）

1968年生まれ。
大阪外国語大学（現大阪大学）、
米ジョンス・ホプキンス大学高等国際問題研究大学院修士号。
20年以上にわたって国内外の
プライベート・エクイティ業務に従事。
三菱総合研究所でマーケット調査や
デューデリジェンスを行った後、
2005年からエー・アイ・キャピタル、
マッコーリー・グループ／ロック・パートナーズといった
国内外の金融機関や投資会社において
PE投資運用やファンド募集を行う。
2020年独立。
現在、LUCAジャパン株式会社（共同創業者・取締役）、
Orchestra Private Equity（アドバイザリー・パートナー）等
複数のPE関連会社やファンド運用会社で幹部職に就いている。
著作に、『MBO入門』（東洋経済新報社、共著）、
『銀行が行うバイアウト・ビジネス』（中央経済社）
等。

個人投資家のための
**入門　プライベート・エクイティ(PE)投資**

2022年9月20日　第1版第1刷発行

著　者　北　村　元　哉
発行者　山　本　　　継
発行所　㈱中央経済社
発売元　㈱中央経済グループパブリッシング

〒101-0051　東京都千代田区神田神保町1-31-2
電話　03（3293）3371（編集代表）
03（3293）3381（営業代表）
https://www.chuokeizai.co.jp
製版／三英グラフィック・アーツ㈱
印刷／三　英　印　刷　㈱
製本／㈲　井　上　製　本　所



ISBN978-4-502-44061-8　C3034